술술풀어가는
영어성경
영문법

로마서

술술풀어가는

영어성경 영문법

))) 로마서

김 복 희 지음

한국문화사

술술풀어가는 **영어성경 영문법**
– 로마서 –

1판1쇄 발행 2015년 11월 25일

지 은 이   김 복 희
펴 낸 이   김 진 수
펴 낸 곳   **한국문화사**
등   록   1991년 11월 9일 제2-1276호
주   소   서울특별시 성동구 광나루로 130 서울숲 IT캐슬 1310호
전   화   02-464-7708
전   송   02-499-0846
이 메 일   hkm7708@hanmail.net
홈페이지   www.hankookmunhwasa.co.kr

ISBN 978-89-6817-300-4   93740

이 도서의 국립중앙도서관 출판예정도서목록(CIP)은 서지정보유통지원시스템
홈페이지(http://seoji.nl.go.kr)와 국가자료공동목록시스템(http://www.nl.go.kr/kolisnet)에서
이용하실 수 있습니다.(CIP제어번호: CIP2015030524)

일러두기

1. 이 책에 실린 영어성경문장과 의역으로 사용된 우리말번역은 NIV 영어성경을 참고한 것임을 밝혀둔다. 성경해설도 『New International Version』, 『Big 베스트 성경』, 『New 만나성경』, 『빅 라이프성경』, 『NIV 한영해설성경』을 참고하였다.

2. NIV 영어원문이나 우리말 의역의 뜻이 분명치 않은 것은 KJV나 NLT 등의 영어 원문을 찾아서 비교대조함으로써 그 뜻을 이해하기 쉽게 하였다.

3. 한 개의 문장 속에 나오는 문법사항들을 문법별로 정리하다보니까 반복되어 나오는 문장이 있다. 예를 들어, 똑같은 문장이 'that의 용법'에도 나오고 '관계대명사'에도 나올 수 있다. 그것은 그 한 문장 속에 두 개 이상의 문법이 등장하기 때문이다. 그럴 경우에는 그 chapter에 해당되는 문법을 해설 ①번에 설명하였고 나머지 문법들은 간략하게 ②번과 ③번에 실었다. 따라서 ①번 문법 설명부분을 눈에 띄게 하기 위해서 글자를 고딕체로 하였다.

4. NIV 번역(의역)만으로는 무엇인가 설명이 미비하다고 생각되는 곳에는 의역 다음 부분에 성경해설을 조금 덧붙였다.

5. 특별한 단어나 숙어가 없는 경우에는 '단어 및 숙어의 확장'을 넣지 않았다.

6. 생략된 부분의 표기는 ✓ 로 하였다.

7. 단어 및 숙어의 확장 부분에서 중요한 기본동사는 불규칙동사변화 (원형-과거형-과거분사형)를 표시해두었다.
예) come-came-come / catch-caught-caught

8. 이 책에 사용된 약자표기는 다음과 같다.
R: 동사원형   S: 주어   V: 동사   O: 목적어
Adj: 형용사   Adv: 부사   pl: 명사의 복수형   N: 명사
Prep: 전치사   N.B.: 주의!

사역자를 키우는 신학대학교에서 강의한 지가 15년이 넘었음에도 그들로 하여금 능통하게 영어를 사용하도록 하는 것이 항상 풀리지 않는 숙제였다. 계속 고민하고 새로운 방법을 연구하다가 혼동하기 쉬운 영문법을 영어성경 안의 모든 구절을 통해 이해하기 쉽게 분석해 낸 책이 바로 7년 전에 출간한 『술술풀어가는 영어성경영문법-마태복음-』(2008)이었다. 이어서 『술술풀어가는 영어성경영문법-요한복음-』(2011), 『술술풀어가는 영어성경영문법-옥중서신-』(2012), 『술술풀어가는 영어성경영문법-마가복음-』(2013), 『술술풀어가는 영어성경영문법-야고보서와 베드로전후서-』(2014)가 출간되었고 이번에 여섯 번째로 완성된 것이 『술술풀어가는 영어성경영문법-로마서-』(2015)이다. 이 다섯 권의 영어성경영문법 시리즈로 인해 이제는 영문법의 기본이 어느 정도 세워졌으리라 생각한다. '누가복음'을 택하지 않고 '로마서'를 택한 것은 '로마서'가 '복음의 진수'라고 평가 받는 신약성경이고 진정한 크리스천이 되고자 하는 소망 때문이었다. 따라서 필자는 '로마서'에 나오는 영어성경구절을 철저히 분석하여 영문법을 수학의 공식처럼 만들었다. 특히 학생들이 구별하지 못해 해석이 어려웠던 부분들에 중점을 두었다. 예를 들면, 한 문장 안에서도 용법에 따라 다르게 해석될 수 있는 that을 보여주기 위해 '로마서'에 나오는 that을 모두 찾아 철저하게 분석하였다.

이 책의 가장 큰 특징은 포맷이다.

첫째, 대체로 기존의 영어성경에 관한 책들이 신구약 중에서도 중요하다고 생각되는 부분만을 선택해서 분석한 것이라면 이 책은 '로마서' 전체에 나오는 문법 사항을 완전히 분석한 것이다.

둘째, 기존의 문법책들이 문법을 제목 중심으로 서술해서 설명했다면, 이 책은 혼돈되는 문법을 중심으로 '로마서'안의 공통된 문장을 전부 다 한 곳으로 모아서 반복공부하게 함으로써 그 혼돈된 문법을 완전히 마스터하게 하였다. 다시 말하면 일반영어 문법책이나 독해책이 문법의 큰 제목, 즉 단순하게 '명사' '동사' '대명사' 등의 품사별 순서로 나열하고 설명하며 그에 해당하는 문장을 제시설명하는 포맷이라면 이 책은 품사별로 단순하게 나열하는 것이 아니라 평소에 혼동하기 쉬운 문법을 하나로 묶어 구체적으로 제시하고 설명하는 포맷이다. 같은 문법이나 관용구를 지닌 여러 가지 문장을 반복해서 학습하다보면 자연스럽게 그 문법이나 관용구를 술술 이해할 뿐만 아니라 암기도 가능할 것이다.

셋째, "술술풀어가는 영어성경 영문법" 시리즈(마태, 요한, 옥중서신, 마가, 야고보베드로전후서)에서 이미 나와 있는 몇 개의 문법사항을 '로마서'에서는 제외하였다. 예문이 몇 개 밖에 되지 않기 때문이다. 예를 들면, 관계대명사와 의문대명사의 구별법, 복합관계대명사, 복합관계부사, 관계부사, 관계부사의 생략, 그리고 기원문이 들어 있는 문장들을 삭제하였다.

이 책의 구성은 다음과 같다.

첫째, 문법의 타이틀을 제시하고 중요포인트를 표로 만들어 제시하면서 관련된 기본예문을 보여주었다.

둘째, 성경원문을 보여주고 직역한 다음 그 문장의 핵심구조를 제시하였다.

셋째, 관련된 중요 단어와 숙어를 품사별로 풀이하였다.

넷째, 독해 포인트를 해설하였다.

다섯째, 마지막 부분에는 앞에 설명한 성경구절을 의역하였다. 의역은 NIV 우리말성경을 참고하였다. 또한 필자가 이스라엘, 터키, 그리스, 이탈리아, 미국, 캐나다, 스페인, 그리고 포루투칼 성지순례 때에 찍었던 사진 또는 직접 그린 그림을 실어서 본문의 내용을 조금 더 실감나도록 하였다.

예로부터 영어성경은 영어를 배우는 데에 가장 적합하고 훌륭한 교재라고 하였다. 하지만 이것은 성경내용에 대한 책이 아니다. 영어성경의 모든 문장을 통해서 영문법을 완전하게 정복하고자 하는 것이 목표이다. 목회현장에서 사역하는 목사님, 사모님, 전도사님, 선교사님과 신학도 등 모든 분은 이미 성경에 대하여 해박한 지식을 갖고 있다. 따라서 이 책에서 필자는 감히 성경을 설명할 수는 없다. 성경에 능통한 교역자들이 이 책을 공부함으로써 영어에도 능통하여 세계의 모든 사역현장에서 영어라는 매개체를 통하여 설교도 하고 통역도 함으로써 하나님의 영광을 드러내기를 바랄 뿐이다. 일반인도 이 책을 공부함으로써 TOEIC, TOEFL,

TEPS 등의 여러 시험의 reading과 writing에서 고득점을 획득하기를 바란다. 영어 성경의 문장은 영어공부의 기본이 되기 때문이다.

책을 끝내고 보니 무엇인가 빠진 부분도 있을 것 같고 부족한 설명도 있을 것이라고 생각된다. 이러한 점을 포함한 다른 문제점들은 독자의 지적과 비판을 참고로 빠른 시일 내에 다시 수정 보완할 수 있도록 하겠다. 끝으로 전능하신 하나님께 영광과 찬양을 올린다. 특히 이 책의 출간을 허락해주신 한국문화사 김진수 사장님과 김정희 실장님께 마음 깊이 감사드린다. 김태균 이사님과 편집부의 모든 분들께도 심심한 감사를 표한다. 교정을 도와준 소형과 경민에게도 고마움을 전하고 싶다.

2015년 11월

학산 연구실에서

김 복 희

로마서 개요

- 로마서: 인간이 왜 죄인인가? / 죄인이 어떻게 하나님의 의를 얻어 구원받는가? / 구원받은 성도들은 어떻게 날마다 죄와 싸워 승리해야 하며, 그리스도인으로서의 삶은 어떤 것인가? 하는 문제들이 잘 제시되어 있다. 즉, 구원(salvation)과 성화(sanctification)에 관한 모든 신약적 교리가 잘 집약돼 있다.

- 로마서: 구원계획에 관한 교리서이다.

- 로마서의 핵심주제: 믿음으로 의롭게 됨

- 마틴 루터는 로마서와 갈라디아서를 사랑했다. 그는 이 두 서신서를 읽고 종교개혁을 일으켰다는 말이 있다. 심지어 갈라디아서를 '사랑하는 케이'(케이는 그의 아내의 애칭)라고 불렀다고 한다.

- 로마서: 구약성경과 밀접하게 연결됨. 전체 편지의 반 이상이 구약성경의 인용이다.

- 로마서를 기록한 장소와 시기:
  (롬16:21-24) 가이오는 바울의 식주인(食主人)이다. 가이오는 고린도 시민임을 고린도전서 1:14에서 발견한다. 따라서 로마서는 고린도에서 쓰여졌다. 로마서 15:25-32과 사도행전 18:21과 비교해보라. 그러면 그가 이 편지를 쓸 때는 예루살렘으로의 여행을 계획하던 때이며, 따라서 2차선교여행말기라는 것이 명백해진다. 바울이 아직 로마를 방문하기 이전에 이 편지를 썼다. "어떻게 해서든지 이제는 내가 언제라도 하나님의 뜻에 따라 너희에게 나아갈 형통한 여정을 갖게 되기를 간구하노라"(롬1:10)

- 로마서의 구성: 모두 16장 433절

- 로마서 총평 (『빅라이프성경』, p. 239)
  로마서는 편지라기보다는 일종의 논문이라 할 수 있을 정도로 체계적으로 구성되어 있다.

- 전반부: 1장-11장 : 구원의 필요성과 방법 및 과거, 현재, 미래에 걸쳐 삼중적을 성취되어 가는 구속사의 전 과정을 중점적으로 설명한 것
- 후반부: 12장-16장 : 앞에서 해석된 구원의 도리에 입각하여 성도로서, 또 하늘나라의 시민으로서 경건하고 진실된 삶을 살 것을 권면함

—로마서는 '바울복음서' '성경의 다이아몬드'라는 별명이 있다

- 로마서 개요
1. 하나님의 의의 계시 (1:1-8:39)
  1) 구원의 필요성 (1:1-3:20)
  2) 칭의—하나님의 의의 전가 (3:21-5:21)

3) 성화—하나님의 의가 나타남 (6:1-8:39)

2. 하나님의 의에 대한 변론 (9:1-11:36)
   1) 이스라엘의 과거—선택 (9:1-29)
   2) 이스라엘의 현재—유기 (9:30-10:21)
   3) 이스라엘의 미래—회복 (11:1-36)

3. 하나님의 의의 적용 (12:1-16:27)
   1) 성도의 의무 (12:1-16:27)
   2) 성도의 자유 (14:1-15:13)
   3) 개인적 문안과 송영 (15:14-16:27)

■ 로마서의 핵심 개념들(Crucial concepts in Romans)
로마서를 이해하기 위해서는 다음의 핵심개념을 이해하는 것이 필수이다.
   1) 구속(redemption): 죄의 값은 죽음이다. 그러나 우리가 죽음에서 자유할 수 있도록 예수님이 우리의 죄값을 대신 지불하셨다 (롬3:24)(롬8:23)
   2) 속죄(propitiation): 하나님은 예수 그리스도의 희생으로 인해 우리에게 내릴 죄의 징벌을 제거하셨다 (롬3:25)
   3) 칭의(justification): 하나님은 우리에게 '죄 없음'을 선언하셨다 (롬4:25)(롬5:18)
   4) 성화(sanctification): 성령님은 우리가 예수님을 보다 닮아가도록 도우신다 (롬5:2)(롬15:16)
   5) 영화(glorification): 하나님은 우리로 하여금 하늘나라의 이미지에 맞도록 새로운 형상으로 덧입히실 것이다 (롬8:18-19)
   6) 선택(selection): 하나님은 특별한 목적을 위해 우리를 택하신다 (롬9:10-13)

■ 중심주제
1. 죄: 죄란 근본적인 의미에서 하나님께 대한 불순종을 의미한다. 곧 인류의 대표인 아담이 하나님께 불순종함으로써 모든 인류에게 그 죄가 전가되는 결과를 초래하였고,(5:12) 그로 인해 모든 인간은 죄의 상태 하에 있게 되었다. 따라서 '죄 the sin'란 하나님의 계명들을 어기는 각종 범죄들의 이면에 있는 근원적 상태개념으로 이해될 수 있다. 결국 죄는 하나님의 뜻을 거역하게 하며 마침내 사망의 자리에 이르게 한다 (6:23)
2. 구원: 인간 존재의 죄의 성향에 대한 궁극적이고 온전한 해방과 치유는 오직 예수 그리스도와의 만남을 통해서만 가능하다(요4:14). 실로 전적 타락(total depravity) 속에 빠진 인간은 자력으로는 구원에 이를 수 없다(10:3) 따라서 대속사역을 통해 믿는 자에게 하나님의 의를 덧입게 하신 예수의 무조건적 은혜만이 우리를 죄와 세상과 율법과 죽음에서 구원할 수 있는 것이다(3:21-25)

술술풀어가는 영어성경영문법
(로마서)

- 지시대명사 that + V

- 지시형용사 that + N: 명사를 수식함

- 지시부사 that + Adj (Ad): 형용사나 부사를 수식함

- 종속접속사: V + [that + S + V]: 종속된 절을 만듦
- (종속접속사): V + [✔ + S + V]: that이 생략됨
- 관계대명사: N + [that + V]: 뒤에 동사가 오면 주격

- 관계대명사: N + [that + S + V]: 뒤에 주어동사가 오면 목적격

- (관계대명사): N +[✔ + S + V]: 목적격은 생략됨
- so that + S + may (can)(will)(should) + R
- It + 강조부분 + that + S + V
- 동격의 that절

01

that의 정체를 파악하자

1 지시대명사 that

중요포인트

| that + V |
| V + that |

지시대명사는 지시형용사나 지시부사처럼 꾸며주는 단어가 없다. 바로 뒤에 곧장 동사가 오거나 아무것도 오지 않고 독립적으로 쓰인다.

예문1 저것은 분꽃이다. <u>That</u> is a four-o'clock.

예문2 저분은 박목사님이다. <u>That</u> is pastor Park.

예문3 저것 좀 주세요. Please give me <u>that</u>.

예문4 이것저것 할 일이 많다. I have many things to do, this or <u>that</u>.

예문5 저것은 무엇입니까? What is <u>that</u>?

1 Certainly not! If <u>that</u> were so, how could God judge the world?

(롬3:6)

> **직역** 확실히 아니다! 만약 그것이 그렇다면, 어떻게 하나님이 세상을 심판하실 수 있겠느냐?
>
> **핵심구조** that + V
>
> **단어 및 숙어의 확장** judge **동사** 심판하다, 판단하다
>
> **해설** ① that은 지시대명사이다. ② 가정법 과거의 문장이다. (If+S+were, S+would (should, could)+R) 만약 ~ 한다면 ~ 할 것이다
>
> **의역** 결코 그렇지 아니하니라 만일 그러하면 하나님께서 어찌 세상을 심판하시리요
>
> **성경해설** 3장5절부터 8절까지를 살펴봐야 한다. 만일 인간의 불의가 하나님의 의를 나타낸다면 하나님이 세상을 심판하실 까닭이 무엇이냐? 인간의 불의가 하나님의 의를 나타낸다면 하나님의 불의한 것이 아니냐? 결코 그렇지 않다. 하나님은 저들의 죄를 정죄하시며 불의를 반드시 심판하신다

2 Not only <u>that</u>, but Rebekah's children had one and the same father, our father Isaac.

(롬9:10)

> **직역** 그것뿐만 아니라, 레베카의 자녀들도 한명이자 똑같은 아버지, 즉 우리의 아버지 이삭을 가졌다
>
> **핵심구조** ~ + that
>
> **단어 및 숙어의 확장** not only A but (also) B: A뿐만 아니라 B도 역시
>
> **해설** that은 지시대명사이다.
>
> **의역** 이뿐 아니라 또한 리브가가 우리 조상 이삭 한 사람으로 말미암아 잉태하였는데
>
> **성경해설** '리브가의 자녀들'은 에서(Esau [íːsɔː])와 야곱(Jacob)이다

3 Who is he that condemns? Christ Jesus, who died~more than <u>that</u>, who was raised to life~is at the right hand of God and is also interceding for us. (롬8:34)

> **직역** 비난하는 그는 누구냐? 죽었던~그보다 더, 부활하셨던 그리스도 예수는~하나님의 오른편에 계시며 또한 우리를 위하여 중재하시는 중이다

> **핵심구조** ~ + that

> **단어 및 숙어의 확장** intercede [동사] 간구하다, 중재하다

> **해설** ① more than 다음의 that은 지시대명사이다. ② he 다음의 that은 주격관계대명사이다.

> **의역** 누가 정죄하리요 죽으실 뿐 아니라 다시 살아나신 이는 그리스도 예수시니 그는 하나님 우편에 계신 자요 우리를 위하여 간구하시는 자시니라

4 Did <u>that</u> which is good, then, become death to me? By no means! But in order that sin might be recognized as sin, it produced death in me through what was good, so that through the commandment sin might become utterly sinful. (롬7:13)

> **직역** 그러면, 선한 그것이 나에게 죽음이 되었느냐? 결코 그렇지 않다! 하지만 죄가 죄로 인식되기 위해서, 그것은 선한 것을 통하여 내 안에 죽음을 생산하였다, 계명을 통해서 죄가 전적으로 죄성이 될 수 있도록

> **핵심구조** V + that

> **단어 및 숙어의 확장** by no means=never=결코~하지 않다/ in order that + S + may + R ~하기 위하여 / so that + S + may + R ~하기 위하여 / utterly [부사] 완전히, 몹시

> **해설** ① that은 주어이면서 지시대명사이고 which의 선행사이다. ② what은 관계대명사이다.

> **의역** 그런즉 선한 것이 내게 사망이 되었느뇨 그럴 수 없느니라 오직 죄가 죄로 드러나기 위하여 선한 그것으로 말미암아 나를 죽게 만들었으니 이는 계명으로 말미암아 죄로 심히 죄 되게 하려함이니라

앞에 나왔던 명사가 뒤에 또 다시 나올 경우, 명사의 반복을 피하기 위해서 사용되는 지시대명사 that이나 those가 있다.

예문1 The climate of Italy is similar to the climate of Korea.
→The climate of Italy is similar to <u>that</u> of Korea.
(이탈리아의 기후는 한국의 기후와 비슷하다.)
(that은 climate을 가리키는 지시대명사이다.)

예문2 The ears of a rabbit are longer than the ears of a fox.
→The ears of a rabbit are longer than <u>those</u> of a fox.
(토끼의 귀는 여우의 귀보다 더 길다.)
(those는 ears를 가리키는 지시대명사이다.)

〈밀라노: 두오모성당〉

1 Where, then, is boasting? It is excluded. On what principle? On <u>that</u> of observing the law? No, but on <u>that</u> of faith. (롬3:27)

직역 그러면, 자랑은 어디에 있느냐? 그것은 배제된다. 무슨 원칙으로 그러냐? 법을 준수하는 그것에 의해서냐? 아니다, 오직 믿음의 그것에 의해서다.

핵심구조 that + of + N

단어 및 숙어의 확장 boast 동사 자랑하다 / exclude 동사 배제하다 / principle 명사 원칙, 원리 / observe 동사 지키다, 준수하다 / but=only

해설 that은 지시대명사로서 'principle'을 의미한다.

의역 그런즉 자랑할 데가 어디뇨 있을 수가 없느니라 무슨 법으로냐 행위로냐 아니라 오직 믿음의 법으로니라

성경해설 당신이 자랑할 수 있는 것은 완전히 배제되었다.

2 Everyone must submit himself to the governing authorities, for there is no authority except <u>that</u> which God has established. The authorities that exist have been established by God.　(롬13:1)

직역 모든 이가 지배권력에 자신을 복종시켜야한다, 왜냐하면 하나님이 설립하신 그것 이외에는 아무런 권력이 없기 때문이다. 존재하는 그 권력은 하나님에 의해서 설립되어왔다

핵심구조 지시대명사 that + which + S + V

단어 및 숙어의 확장 submit 동사 복종(순종)(굴복)하다 / govern 동사 지배하다, 다스리다 / authority 명사 권력, 권세, 권위, 당국 / for=because / establish 동사 설립하다, 세우다

해설 ① except 다음의 that은 지시대명사로서 authority를 의미한다. ② authorities 다음의 that은 주격관계대명사이다.

의역 각 사람은 위에 있는 권세들에게 굴복하라 권세는 하나님께로 나지 않음이 없나니 모든 권세는 다 하나님의 정하신 바라

성경해설 권세들(authorities): '힘' '능력'이 있는 자들로 주로 영적 의미로 사용되었지만 여기서는 통치권자, 당국자들을 가리킨다(고전15:14) / 개개의 구체적인 세상의 권력집단을 가리킨다

② 지시형용사 that

┌───┐
│ that + 명사 (that은 명사를 수식함) 〔형용사는 명사를 꾸며준다〕 │
└───┘

예문1 He used <u>that</u> towel to wipe the disciples' feet.
(그는 제자들의 발을 닦아주기 위하여 그 수건을 사용하였다.)
[that은 towel이라는 명사를 꾸며주는 지시형용사이다.]

예문2 They followed <u>that</u> star a long way to find Jesus.
(그들은 예수를 찾기 위하여 긴 길을 그 별을 따라갔다.)
[that은 star라는 명사를 꾸며주는 지시형용사이다.]

예문3 Herod was the king at <u>that</u> time. (헤롯은 그 당시에 왕이었다.)
[that은 time이라는 명사를 꾸며주는 지시형용사이다.]

〈베들레헴: 목자들판교회〉

1 What benefit did you reap at <u>that</u> time from the things you are now ashamed of? Those things result in death! (롬6:21)

> **직역** 너희는 그 당시에 무슨 이익을 거두었느냐? 너희가 지금 부끄러워하는 것으로부터? 그러한 것들은 죽음으로 끝난다!
>
> **핵심구조** that + 명사 time
>
> **단어 및 숙어의 확장** benefit 명사 이익 / reap 동사 열매를 맺다, 추수하다 / at that time 그 당시에 / be ashamed of ~을 부끄러워하다, 수치스러워하다 / result in ~으로 귀착하다, 끝나다
>
> **해설** ① time 앞의 that은 time을 꾸며주는 지시형용사이다. ② things와 you 사이에 목적격관계대명사 which 또는 that이 생략돼 있다.
>
> **의역** 너희가 그 때에 무슨 열매를 얻었느뇨 이제는 너희가 그 일을 부끄러워하나니 이는 그 마지막이 사망임이니라

2 Those who live according to the sinful nature have their minds set on what <u>that</u> nature desires; but those who live in accordance with the Spirit have their minds set on what the Spirit desires. (롬8:5)

> **직역** 죄성에 따라서 사는 사람들은 그들의 마음을 그 죄성이 요구하는 데에 둔다. 그러나 성령과 조화를 이루어 사는 사람들은 그들의 마음을 성령이 요구하는 데에 둔다.
>
> **핵심구조** that + 명사 nature
>
> **단어 및 숙어의 확장** according to ~에 따라서 / in accordance with ~에 일치하여, 조화를 이루어 / those who ~하는 사람들 / sinful nature 죄성(罪性)
>
> **해설** ① nature 앞의 that은 nature를 꾸며주는 지시형용사이다. ② those 다음에는 people이 생략돼 있다. ③ what은 관계대명사로서 the thing which로 바꿀 수 있다.
>
> **의역** 육신을 좇는 자는 육신의 일을, 영을 좇는 자는 영의 일을 생각하나니

3 So then, if she marries another man while her husband is still alive, she is called an adulteress. But if her husband dies, she is released from <u>that</u> law and is not an adulteress, even though she marries another man.

(롬7:3)

> **직역** 그래서 그때, 만약 그녀의 남편이 아직 살아있는 동안 다른 남자와 결혼한다면, 그 여자는 간음한 여자라고 불린다. 하지만 남편이 사망하면, 그 여자는 그 법으로부터 풀려나고 간음한 여자가 아니다, 비록 그녀가 다른 남자와 결혼하더라도.
>
> **핵심구조** that + 명사 law
>
> **단어 및 숙어의 확장** adultery [명사] 간음 / adulteress [명사] 간음한 여자
>
> **해설** ① that은 law를 꾸며주는 지시형용사이다. ② even though=even if=though=비록~일지라도
>
> **의역** 그러므로 만일 그 남편 생전에 다른 남자에게 가면 음부라 이르되 남편이 죽으면 그 법에서 자유케 되나니 다른 남자에게 갈찌라도 음부가 되지 아니하느니라

---

③ 지시부사 that

1) 지시부사는 형용사를 수식한다.

예문 <u>That</u> beautiful flower is a gardenia. (저 아름다운 꽃은 치자꽃이다.)
(that은 beautiful이라는 형용사를 꾸민다.)

2) 지시부사는 다른 부사를 수식한다.

예문 <u>That</u> very person is my fellow worker.
(바로 그 사람이 나의 동역자이다.) (That은 very라는 부사를 꾸민다.)

1 For if, by the trespass of the one man, death reigned through <u>that</u> one man, how much more will those who receive God's abundant provision of grace and of the gift of righteousness reign in life through the one man, Jesus Christ.

(롬5:17)

직역 만약, 한 사람의 범죄로 인하여, 그 한 사람을 통하여 죽음이 지배한다면, 하나님의 풍부한 은혜와 정의의 선물을 받은 사람들은 한 사람, 예수 그리스도를 통하여 인생에서 참으로 훨씬 더 많은 것을 받을 것이다

핵심구조 that + 형용사 one

단어 및 숙어의 확장 For=Because / reign 동사 군림하다, 지배하다, 세력을 떨치다 / abundant 형용사 풍부한 / provision 명사 예비, 준비, 설비, 공급. 지급 / trespass 명사 범죄

해설 ① that은 지시부사로서 형용사 one을 꾸며준다. ② the one man과 Jesus Christ는 동격이다. ③ those 다음에는 people이 생략돼 있다. ④ For는 해석하지 않아도 된다.

의역 한 사람의 범죄를 인하여 사망이 그 한 사람으로 말미암아 왕노릇 하였은즉 더욱 은혜와 의의 선물을 넘치게 받는 자들이 한 분 예수 그리스도로 말미암아 생명 안에서 왕노릇 하리로다

④ 종속접속사 that이 들어간 문장

중요포인트

V + that + S + V

두 개의 문장, 1) John stated.(요한은 말했다) 2) Satan entered into Judas after he received the bread.(사단은 유다가 빵을 받은 후 유다에게 들어갔다)를 종속접속사 that을 연결해서 다음과 같이 한 개의 문장으로 만들 수 있다.

예문 John stated <u>that</u> Satan entered into Judas after he received the bread.

이 때 that을 종속접속사라고 하고 that 이하의 문장은 전체동사 stated의 목적어가 된다. that 이하의 절을 명사절이라고 한다.

예문1 We knew <u>that</u> Jesus was a great teacher from God.
(우리는 예수님이 하나님에게서 온 위대한 교사인 것을 알았다.)
[that Jesus was a great teacher from God은 knew의 목적어가 되는 명사절이다.]

예문2 Joseph understood <u>that</u> God was judge.
(요셉은 하나님이 심판관이라는 것을 이해하였다.)
God was judge는 understood의 목적어가 되는 명사절이다.]

예문3 Modern science proves <u>that</u> your dog shares the DNA of the wolf.
(현대과학은 당신의 강아지가 늑대의 DNA를 공유한다는 것을 증명한다.)
[that your dog shares the DNA of the wolf는 proves의 목적어가 되는 명사절이다.]

1 Now if we died with Christ, we believe <u>that</u> we will also live with him.
(롬6:8)

직역 이제 우리가 그리스도와 함께 죽더라도, 우리는 믿는다 우리들도 그와 함께 살게 될 것을

핵심구조 동사 believe + that + 주어 we + 동사 will live

단어 및 숙어의 확장 die 동사 죽다 (death 죽음 / dead 죽은)

해설 ① that은 앞에 동사 believe, 뒤에 주어 we, 동사 will live가 왔으므로 종속접속사이다. ② if는 though(비록~일지라도)의 뜻이다. ③ 의역이 잘못되어 있다.

의역 만일 우리가 그리스도와 함께 죽었으면 또한 그와 함께 살 줄을 믿노니

〈예루살렘: 주님승천교회〉

2 ,being fully persuaded <u>that</u> God had power to do what he had promised.

(롬4:21)

> **직역** ~, 하나님이 그가 약속하셨던 것을 행하실 능력을 지녔음을 완전히 설득당한 채
>
> **핵심구조** 동사 persuaded + that + 주어 God + 동사 had
>
> **단어 및 숙어의 확장** fully 부사 충분히 / persuade 동사 설득하다 (be persuaded 설득당하다)
>
> **해설** ① that은 앞에 동사 persuaded, 뒤에 주어 God, 동사 had가 왔으므로 종속접속사이다. ② being fully persuaded는 분사구문의 동시동작으로서 ,and was fully persuaded로 바꿀 수 있다 ③ what은 관계대명사로서 the thing which로 바꿀 수 있다
>
> **의역** 약속하신 그것을 또한 능히 이루실 줄을 확신하였으니

3 If I do what I do not want to do, I agree <u>that</u> the law is good.

(롬7:16)

> **직역** 하기를 원하지 않은 것을 내가 한다면, 나는 동의한다 그 법이 선한 것임을.
>
> **핵심구조** 동사 agree + that + 주어 the law + 동사 is
>
> **해설** ① that은 앞에 동사 agree, 뒤에 주어 the law, 동사 is가 왔으므로 종속접속사

이다. ② what은 관계대명사로서 the thing which로 바꿀 수 있다.

의역 만일 내가 원치 아니하는 그것을 하면 내가 이로 율법의 선한 것을 시인하노니

---

4 The Spirit himself testifies with our spirit <u>that</u> we are God's children.

(롬8:16)

직역 성령 자신이 우리가 하나님의 자녀임을 우리의 영과 함께 증명한다.

핵심구조 동사 testifies + that + 주어 we + 동사 are

단어 및 숙어의 확장 testify 〔동사〕 증거하다, 증명하다, 간증하다

해설 ① that은 앞에 동사 testifies, 뒤에 주어 we, 동사 are가 왔으므로 종속접속사이다. ② himself는 강조적용법의 재귀대명사로서 생략해도 문장이 된다.

의역 성령이 친히 우리 영으로 더불어 우리가 하나님의 자녀인 것을 증거하시나니

---

5 I know <u>that</u> when I come to you, I will come in the full measure of the blessing of Christ.

(롬15:29)

직역 나는 안다 내가 너희에게 갈 때, 내가 그리스도의 축복을 많이 받아서 갈 것임을

핵심구조 동사 know + that + 주어 I + 동사 will come

단어 및 숙어의 확장 in the full measure of 많은

해설 ① that은 앞에 동사 know, 뒤에 주어 I, 동사 will come이 왔으므로 종속접속사이다. ② when I come to you,는 부사절이다.

의역 내가 너희에게 나갈 때에 그리스도의 충만한 축복을 가지고 갈 줄을 아노라

---

6 Don't you know <u>that</u> all of us who were baptized into Christ Jesus were baptized into his death?

(롬6:3)

직역 너희는 모르느냐? 세례 받은 후 그리스도 안으로 들어간 우리 모두가 세례를 받은 후 그의 죽음으로 들어갔다는 것을?

핵심구조 동사 know + that + 주어 all of us + 동사 were baptized

> 단어 및 숙어의 확장   be baptized 세례받다 (baptize 세례를 주다)

> 해설   ① that은 앞에 동사 know, 뒤에 주어 all of us, 동사 were baptized가 왔으므로 종속접속사이다. ② who는 주격관계대명사이다.

> 의역   무릇 그리스도 예수와 합하여 세례를 받은 우리는 그의 죽으심과 합하여 세례 받은 줄을 알지 못하느뇨

7   Not only so, but we also rejoice in our sufferings, because we know that suffering produces perseverance: (롬5:3)

> 직역   그럴 뿐만 아니라 우리도 우리의 고난을 즐거워한다, 왜냐하면 우리는 고통이 인내를 만든다는 것을 알기 때문이다

> 핵심구조   동사 know + that + 주어 suffering + 동사 produces

> 단어 및 숙어의 확장   not only A but also B: A뿐만 아니라 B도 역시 / perseverance 명사 인내 / rejoice in ~을 누리다, 기뻐하다, 축하하다, 좋아하다 (ex: rejoice in good health: 건강을 누리다)

> 해설   that은 앞에 동사 know, 뒤에 주어 suffering, 동사 produces가 왔으므로 종속접속사이다.

> 의역   다만 이뿐 아니라 우리가 환난 중에도 즐거워하나니 이는 환난은 인내를,

> 성경해설   '환난'='압박' 또는 '탄압'의 뜻으로 믿는 자들이 그의 신앙 때문에 당하게 되는 핍박을 뜻한다

8   For we know that since Christ was raised from the dead, he cannot die again; death no longer has mastery over him.   (롬6:9)

> 직역   왜냐하면 우리가 알기 때문이다 그리스도가 죽은 자들로부터 부활하셨으므로, 그는 다시 죽을 수 없으며, 죽음이 더 이상 그를 지배하지 않음을

> 핵심구조   동사 know + that + 주어 he + 동사 cannot die
>   주어 death + 동사 has

> 단어 및 숙어의 확장   mastery 명사 지배력, 정복, 우승, 숙달 / raise 동사 부활하다 / the dead 죽은 사람들(=dead people)

> **해설** ① that은 앞에 동사 know, 뒤에 주어 he와 death, 동사 cannot die와 has가 왔으므로 종속접속사이다. ② For와 since는 because의 뜻이다. ③ the dead는 dead people을 의미한다.
>
> **의역** 이는 그리스도께서 죽은 자 가운데서 사셨으매 다시 죽지 아니하시고 사망이 다시 그를 주장하지 못할 줄을 앎이로라

---

9 We know <u>that</u> the whole creation has been groaning as in the pains of childbirth right up to the present time. (롬8:22)

> **직역** 우리는 안다 모든 피조물이 바로 지금 이 시간까지 아이를 낳는 고통 중에 있는 것처럼 신음해오고 있음을
>
> **핵심구조** 동사 know + that + 주어 the whole creation + 동사 has been groaning
>
> **단어 및 숙어의 확장** groan 동사 신음하다, 탄식하다 / childbirth 명사 출산 / right up to the present time: 바로 현재까지 / as in the pains of childbirth 해산의 고통 중에 있는 것처럼
>
> **해설** that은 앞에 동사 know, 뒤에 주어 the whole creation, 동사 has been groaning이 왔으므로 종속접속사이다.
>
> **의역** 피조물이 다 이제까지 함께 탄식하며 함께 고통하는 것을 우리가 아나니

---

10 We know <u>that</u> in all things God works for the good of those who love him, who have been called according to his purpose. (롬8:28)

> **직역** 우리는 안다 만물 속에서 하나님이 자신을 사랑하는 사람들의 유익을 위해서 일하신다는 것을, 왜냐하면 그들은 그의 목적에 따라서 소명을 받아왔기 때문이다
>
> **핵심구조** 동사 know + that + 주어 God + 동사 works
>
> **단어 및 숙어의 확장** be called 동사 소명을 받다 / according to ~에 따라서 / purpose 명사 목적
>
> **해설** ① that은 앞에 동사 know, 뒤에 주어 God, 동사 works가 왔으므로 종속접속사이다. ② those 다음에는 people이 생략돼 있다. ③ ,who는 관계대명사의 계속적용

법으로 '접속사+대명사'로 바꾸면 'for they'가 된다.

의역 우리가 알거니와 하나님을 사랑하는 자 곧 그 뜻대로 부르심을 입은 자들에게 는 모든 것이 합력하여 선을 이루느니라

11 But if our unrighteousness brings out God's righteousness more clearly, what shall we say? That God is unjust in bringing his wrath on us? (I am using a human argument.)　　　(롬3:5)

직역 그러나 만약 우리의 불의가 하나님의 정의를 더 분명하게 나타낸다면, 우리는 무슨 말을 할까? 하나님이 그의 분노를 우리에게 가져오신 일이 공정치 않다고 말할 것인가? (나는 인간적인 논점을 사용하는 중이다)

핵심구조 동사 say + That + 주어 God + 동사 is

단어 및 숙어의 확장 bring out: 나타내다, 발표하다, (뜻을)분명히 하다 / just 〔형용사〕 공 정한↔unjust 〔형용사〕 불공정한 / righteousness 〔명사〕 정의↔unrighteousness 〔명사〕 불의 / wrath 〔명사〕 분노

해설 that은 앞에 동사 say, 뒤에 주어 God, 동사 is가 왔으므로 종속접속사이다.

의역 그러나 우리 불의가 하나님의 의를 드러나게 하면 무슨 말 하리요 내가 사람의 말하는 대로 말하노니 진노를 내리시는 하나님이 불의하시냐

성경해설 죄인을 심판하시는 하나님이야말로 의로우시고 그 판단이 명료하시다. 세상 을 심판하시는 하나님의 응징은 항상 옳다

12 We know that the law is spiritual; but I am unspiritual, sold as a slave to sin.　　　(롬7:14)

직역 우리는 안다 그 법이 영적이라는 것을. 그러나 나는 영적이 아니며, 죄에게 노 예로 팔렸기 때문에

핵심구조 동사 know + that + 주어 the law + 동사 is

단어 및 숙어의 확장 spiritual 〔형용사〕 정신적인, 영적인↔unspiritual 〔형용사〕 육적인, 영 적이 아닌 / sell-sold-sold / slave 〔명사〕 노예

해설 ① that은 앞에 동사 know, 뒤에 주어 the law, 동사 is가 왔으므로 종속접속사이

다. ② sold 앞에는 being이 생략됐다. I am unspiritual, (being) sold as a slave to sin=I am unspiritual because I was sold as a slave to sin.

의역 우리가 율법은 신령한 줄 알거니와 나는 육신에 속하여 죄 아래 팔렸도다

성경해설 '신령': '육신'과 대조되는 말로서 율법의 기원이 거룩하신 하나님께로부터 온 것임을 밝혀준다

---

13 What then shall we say <u>that</u> Abraham, our forefather, discovered in this matter? (롬4:1)

직역 그러면 이 문제에서 우리 조상 아브라함이 발견한 것이 무엇이었다고 우리는 말할 것인가?

NLT Abraham was, humanly speaking, the founder of our Jewish nation. What did he discover about being made right with God? (인간적으로 말해서, 아브라함은 우리 유대국가의 창시자였다. 그는 하나님과의 올바른 관계를 갖는 일에 대하여 무엇을 발견했는가?)

핵심구조 동사 say + that + 주어 Abraham + 동사 discovered

단어 및 숙어의 확장 forefather 〔명사〕 조상

해설 ① that은 앞에 동사 say, 뒤에 주어 Abraham, 동사 discovered가 왔으므로 종속 접속사이다. ② Abraham과 our forefather는 동격이다.

의역 그런즉 육신으로 우리 조상 된 아브라함이 무엇을 얻었다 하리요

성경해설 하나님께서는 아브라함의 믿음을 중시하셨지 행위를 중시하셨던 게 아니다.

---

14 I found <u>that</u> the very commandment that was intended to bring life actually brought death. (롬7:10)

직역 나는 알았다 생명을 가져오도록 의도되었던 바로 그 계명이 실제로는 죽음을 가져왔다는 것을

핵심구조 동사 found + that + 주어 the very commandment + 동사 brought

단어 및 숙어의 확장 find-found-found / be intended to + R ～하려고 의도되다 / bring-brought-brought

해설 ① that은 앞에 동사 found, 뒤에 주어 commandment, 동사 brought가 왔으므로 종속접속사이다. ② 뒤의 that은 주격관계대명사이다.

의역 생명에 이르게 할 그 계명이 내게 대하여 도리어 사망에 이르게 하는 것이 되었도다

---

15 I consider <u>that</u> our present sufferings are not worth comparing with the glory that will be revealed in us. (롬8:18)

직역 나는 생각한다 우리의 현재의 고난이 우리에게 드러나게 될 영광과 비교할 가치가 없다는 것을

핵심구조 동사 consider + that + 주어 our present sufferings + 동사 are

단어 및 숙어의 확장 be worth~ing: ~할 만한 가치가 있다 / compare 동사 비교하다 / reveal 동사 드러내다

해설 ① that은 앞에 동사 consider, 뒤에 주어 our present sufferings, 동사 are가 왔으므로 종속접속사이다. ② glory 다음의 that은 주격관계대명사이다.

의역 생각건대 현재의 고난은 장차 우리에게 나타날 영광과 족히 비교할 수 없도다

---

16 You who say <u>that</u> people should not commit adultery, do you commit adultery? You who abhor idols, do you rob temples? (롬2:22)

직역 사람들이 간음을 해서는 안된다고 말하는 너희들, 너희가 간음을 저지르느냐? 우상을 혐오하는 너희들, 너희가 성전의 물건을 강탈하느냐?

핵심구조 동사 say + that + 주어 people + 동사 should not commit

단어 및 숙어의 확장 commit adultery 간음하다 / commit suicide 자살하다 / idol 명사 우상 / abhor 동사 혐오하다, 가증히 여기다 / rob 동사 강탈하다

해설 that은 앞에 동사 say, 뒤에 주어 people, 동사 should not commit가 왔으므로 종속접속사이다.

의역 간음하지 말라 말하는 네가 간음하느냐 우상을 가증히 여기는 네가 신사(神社) 물건을 도적질하느냐

01_ that의 정체를 파악하자 | 19

17 So after I have completed this task and have made sure <u>that</u> they have received this fruit, I will go to Spain and visit you on the way.

(롬15:28)

직역 그리하여 내가 이 임무를 완성하고 그들이 이 열매를 받았다는 것을 확신한 이후에 나는 스페인으로 가서 도중에 너희를 방문할 것이다

핵심구조 동사 have made sure + that + 주어 they + 동사 have received

단어 및 숙어의 확장 complete 동사 완성하다, 마치다 / make sure 확신하다 / on the way 도중에, 가는 길에

해설 that은 앞에 동사 have made sure, 뒤에 주어 they, 동사 have received가 왔으므로 종속접속사이다.

의역 그러므로 내가 이 일을 마치고 이 열매를 저희에게 확증한 후에 너희에게를 지나 서바나로 가리라

성경해설 '이 열매': 마게도냐와 아가야 사람들이 예루살렘 성도들을 위해 모은 헌금 / '확증한 후에': '확실히 끝내다'라는 뜻으로 '구제헌금을 예루살렘교회에 확실히 전달한 후에'라는 의미이다. / '서바나': 현재의 스페인으로서 당시에는 로마 제국의 서쪽 끝을 가리키는 지명이었다

〈스페인: 똘레도대성당〉

〈이스라엘: 베드로수위권교회〉

18 I know that nothing good lives in me, that is, in my sinful nature. For I have the desire to do what is good, but I cannot carry it out.

(롬7:18)

직역 나는 안다 선한 것은 아무것도 내 안에, 즉 나의 죄성 안에는 살고 있지 않다는 것을. 나는 선한 것을 행하려는 욕구를 가지고 있으나 그것을 수행할 수는 없기 때문이다

핵심구조 동사 know + that + 주어 nothing + 동사 lives

단어 및 숙어의 확장 carry out: 수행하다 / sinful 형용사 죄성의, 죄가 있는 / sinful nature 죄성 / that is 즉

해설 ① that은 앞에 동사 know, 뒤에 주어 nothing, 동사 lives가 왔으므로 종속접속사이다. ② For=because ③ what은 관계대명사로서 the thing which로 바꿀 수 있다.

의역 내 속 곧 내 육신에 선한 것이 거하지 아니하는 줄을 아노니 원함은 내게 있으나 선을 행하는 것은 없노라

---

19 Or do you show contempt for the riches of his kindness, tolerance and patience, not realizing that God's kindness leads you toward repentance?

(롬2:4)

직역 아니면 너희는 경멸을 보이느냐? 그의 친절, 관용 그리고 인내심의 풍부함에

대하여? 하나님의 친절이 너희를 회개로 인도하신다는 것을 깨닫지 못한 채?

핵심구조 동사 realizing + that + 주어 God's kindness + 동사 leads

단어 및 숙어의 확장 contempt 명사 경멸 / tolerance 명사 관용 / patience 명사 인내, 참을성 / repentance 명사 회개, 참회

해설 that은 앞에 동사 realizing, 뒤에 주어 God's kindness, 동사 leads가 왔으므로 종속접속사이다.

의역 혹 네가 하나님의 인자하심이 너를 인도하여 회개케 하심을 알지 못하여 그의 인자하심과 용납하심과 길이 참으심의 풍성함을 멸시하느뇨

---

20 I myself am convinced, my brothers, <u>that</u> you yourselves are full of goodness, complete in knowledge and competent to instruct one another.　　　　　　　　　　　　　　　　　　　　　　　　　　(롬15:14)

직역 나의 형제들아, 나는 몸소 확신한다, 너희들이 몸소 선함으로 가득차고, 지식을 완성하며 서로를 가르치는 데에 유능하다는 것을

핵심구조 동사 am convinced + that + 주어 you + 동사 are

단어 및 숙어의 확장 be full of ~으로 가득 차 있다 / be convinced ~을 확신하다/ competent 형용사 유능한, 적당한, 충분한, 합법적인

해설 ① that은 앞에 동사 am convinced, 뒤에 주어 you, 동사 are가 왔으므로 종속접속사이다. ② myself와 yourselves는 강조적용법의 재귀대명사로서 '몸소'의 뜻이다.

의역 내 형제들아 너희가 스스로 선함이 가득하고 모든 지식이 차서 능히 서로 권하는 자임을 나도 확신하노라

---

21 As one who is in the Lord Jesus, I am fully convinced <u>that</u> no food is unclean in itself. But if anyone regards something as unclean, then for him it is unclean.　　　　　　　　　　　　　　　　　　　(롬14:14)

직역 주님 그리스도 안에 있는 사람으로서, 나는 완전히 확신한다 그 자체로 불결한 음식은 없다는 것을. 그러나 누군가가 어떤 것을 불결하다고 여긴다면, 그

에게는 그것은 불결하다

핵심구조 동사 am convinced + that + 주어 no food + 동사 is

단어 및 숙어의 확장 as ~로서 / clean 형용사 깨끗한, 청결한 ↔ unclean 형용사 깨끗지 않은, 불결한 / be convinced that ~을 확신하다 / in itself 그 자체로 / regard A as B: A를 B라고 여기다

해설 that은 앞에 동사 am convinced, 뒤에 주어 no food, 동사 is가 왔으므로 종속접속사이다.

의역 내가 주 예수 안에서 알고 확신하는 것은 무엇이든지 스스로 속된 것이 없으되 다만 속되게 여기는 그 사람에게는 속되니라

---

22 Yet he did not waver through unbelief regarding the promise of God, but was strengthened in his faith and gave glory to God ,being fully persuaded <u>that</u> God had power to do what he had promised.

(롬4:21)

직역 그러나 그는 하나님의 약속에 관하여 믿지 않음을 통하여 흔들리지 않았으나 그의 믿음을 강하게 하고 하나님께 영광을 드렸다, 그리하여 하나님이 그가 약속하셨던 것을 행하실 능력을 지녔음을 충분히 설득당했다

핵심구조 동사 persuaded + that + 주어 God + 동사 had

단어 및 숙어의 확장 waver 동사 흔들리다, 망설이다, 주저하다 / unbelief 명사 믿음이 없음 / regarding ~에 관하여 (=about) / strengthen 동사 강하게 하다 / strong 형용사 강한 / strength 명사 강함, 힘 / fully 부사 충분히 / persuade 동사 설득하다 (be persuaded 설득당하다)

해설 ① that은 앞에 동사 persuaded, 뒤에 주어 God, 동사 had가 왔으므로 종속접속사이다. ② being fully persuaded는 분사구문의 동시상황으로서 ,and he was fully persuaded로 바꿀 수 있다. ③ what은 관계대명사로서 the thing which로 바꿀 수 있다.

의역 믿음이 없어 하나님의 약속을 의심치 않고 믿음에 견고하여져서 하나님께 영광을 돌리며 약속하신 그것을 또한 능히 이루실 줄을 확신하였으니

〈나사렛: 예수수태통지교회〉

23 For we know that our old self was crucified with him so that the body of sin might be done away with, that we should no longer be slaves to sin—because anyone who has died has been freed from sin.

(롬6:6-7)

직역 왜냐하면 우리가 알기 때문이다 우리의 옛사람이 죄의 몸이 없어지도록 하기 위해서 그와 함께 십자가에 못박혔다는 것을, 그리고 우리가 더 이상 죄의 노예가 되지 않도록 하기 위해서—왜냐하면 죽은 자는 누구나 죄로부터 자유로워졌기 때문이다

핵심구조 동사 know + that + 주어 our old self + 동사 was crucified

단어 및 숙어의 확장 crucify 동사 십자가에 못박히다 / so that + S + may + R ~하기 위하여 / do away with=remove=get rid of=eradicate 없애다, 제거하다 / no longer 더 이상~하지 않다 / free from ~로부터 자유롭다

해설 ① that은 앞에 동사 know, 뒤에 주어 our old self, 동사 was crucified가 왔으므로 종속접속사이다. ② For는 Because의 뜻이다. ③ we 앞에 있는 that의 바로 앞에는 so가 생략돼 있고 might 대신에 should가 쓰였다. (so) that we should no longer~ 더 이상~하지 않도록

의역 우리가 알거니와 우리 옛 사람이 예수와 함께 십자가에 못 박힌 것은 죄의 몸이 멸하여 다시는 우리가 죄에게 종노릇 하지 아니하려 함이니 이는 죽은 자가 죄에서 벗어나 의롭다하심을 얻었음이니라

〈예루살렘: 성전교회〉

24 since they show <u>that</u> the requirements of the law are written on the hearts, their consciences also bearing witness, and their thoughts now accusing, now even defending them.)　(롬2:15)

직역 그들이 보여주기 때문이다 율법의 요구가 마음에 쓰여져 있다는 것과 그들의 양심도 증인이 있으며, 그들의 생각은 지금 고소하고 있고, 지금도 그들을 방어하면서)

핵심구조 동사 show + that + 주어 the requirements of the law + 동사 are written

단어 및 숙어의 확장 requirement 명사 요구, 필요물, 필요조건, 자격 / conscience 명사 양심 / accuse 동사 고소하다, 비난하다 / defend 동사 옹호하다, 방어하다

해설 ① that은 앞에 동사 show, 뒤에 주어 the requirements of the law, 동사 are written이 왔으므로 종속접속사이다. ② since는 because의 뜻이다. ③ bearing, accusing, defending은 분사구문의 동시동작으로서 and bear, and accuse, and defend로 바꿀 수 있다.

의역 이런 이들은 그 양심이 증거가 되어 그 생각들이 서로 혹은 송사(訟事)하며 혹은 변명하여 그 마음에 새긴 율법의 행위를 나타내느니라

성경해설 양심이 살아 있어서 우리에게 끊임없이 경고를 보내고 옳지 못한 행동을

제어하도록 촉구하고 불법과 범죄와 타락을 막는다 (consciousness) / 인간에게는 또한 이성(reason)이 있어서 송사하고 일러바친다(accuse) / 또 자신이 잘못된 짓을 하다가 남에게 들키기라도 하면 "나만 그랬냐?" "다른 사람들도 다 그러는데 뭘," 하면서 변명을 늘어놓는다(defend)

크리스챤은 다음과 같은 질문에 "네"라고 대답할 수 있어야 한다.

1) 옳은 일인가? 2) 남을 세워주는 일인가? 3) 하나님께서 복 주시도록 요청할 만한 일인가? 4) 하나님께 영광 돌리는 일인가? 5) 주님께서 다시 오실 때 보시고 기뻐 칭찬해 주실만한 일인가?

---

25 Is this blessedness only for the circumcised, or also for the uncircumcised? We have been saying <u>that</u> Abraham's faith was credited to him as righteousness.

(롬4:9)

직역 이 축복은 오직 할례 받은 자들만을 위한 것인가? 아니면 할례 받지 않은 자들에게도 해당되는가? 우리들은 말해왔다 아브라함의 믿음이 그에게는 정의로 여겨졌다고

핵심구조 동사 saying + that + 주어 Abraham's faith + 동사 was credited

단어 및 숙어의 확장 the circumcised=circumcised people=할례 받은 자들 / he uncircumcised=uncircumcised people=무할례자들 / credit 〔동사〕 신용하다, 믿다, 생각하다 / blessedness 〔명사〕 축복받음 / righteousness 〔명사〕 정의

해설 that은 앞에 동사 saying, 뒤에 주어 Abraham's faith, 동사 was credited가 왔으므로 종속접속사이다.

의역 그런즉 이 행복이 할례자에게뇨 혹 무할례자에게뇨 대저 우리가 말하기를 아브라함에게는 그 믿음을 의로 여기셨다 하노라

---

26 Don't you know <u>that</u> when you offer yourselves to someone to obey him as slaves, you are slaves to the one whom you obey— whether you are slaves to sin, which leads to death, or to obedience, which leads to righteousness?

(롬6:16)

직역 너희는 모르느냐? 너희가 너희자신을 누군가에게 제공해서 노예로서 그에게

복종하면, 너희는 너희가 복종하는 사람에게 노예라는 것을—너희가 죽음을 초래하는 죄의 노예가 되든지 아니면 정의를 초래하는 복종의 노예가 되든지 간에

핵심구조 동사 know + that + 주어 you + 동사 are

단어 및 숙어의 확장 whether A or B: A든지 B든지 / lead to: ~을 초래하다 / obedience **명사** 복종, 순종 / obey **동사** 복종하다, 순종하다

해설 that은 앞에 동사 know, 뒤에 주어 you, 동사 are가 왔으므로 종속접속사이다.

의역 너희 자신을 종으로 드려 누구에게 순종하든지 그 순종함을 받는 자의 종이 되는 줄을 너희가 알지 못하느냐 혹은 죄의 종으로 사망에 이르고 혹은 순종의 종으로 의에 이르느니라

성경해설 의(義)(righteousness): 성경에서는 하나님께서 주로 사람에게 요구하는 특성으로서 하나님의 뜻이나 공의를 실현하는 일을 가리킴 (마3:15)

〈예루살렘: 황금돔〉

27 I do not want you to be unaware, brothers, <u>that</u> I planned many times to come to you (but have been prevented from doing so until now) in order that I might have a harvest among you, just as I have had among the other Gentiles.

(롬1:13)

형제들아, 나는 너희가 깨닫지 못하기를 원치 않는다 내가 여러 번 너희에게 갈 계획을 세웠다는 것을 (그러나 지금까지도 그렇게 하지 못하고 있지만) 내가 너희 중에서 수확할 수 있도록, 내가 다른 이방인들 사이에서 수확했던 것처럼

핵심구조 동사 want + that + 주어 I + 동사 planned

단어 및 숙어의 확장 aware↔unaware (known↔unknown) (conscious↔unconscious)

해설 ① that은 앞에 동사 want, 뒤에 주어 I, 동사 planned가 왔으므로 종속접속사이다. ② prevent(keep) + 목적어 + from ~ing: ~가~하는 것을 못하게 막다 (예문: Rain kept me from going on a picnic. 비 때문에 소풍을 못갔다) ③ until now 지금까지 ④ in order that + S + may + R ~하기 위하여 ⑤ just as ~하는 것과 똑같이 ⑥ want + 목적어 + to 부정사 not~unaware: 깨닫지 못하기를 원하지 않다(부정의부정)(=긍정)(너희가 깨닫기를 내가 원한다)

의역 형제들아 내가 여러 번 너희에게 가고자 한 것을 너희가 모르기를 원치 아니하노니 이는 너희 중에서도 다른 이방인 중에서와 같이 열매를 맺게 하려 함이로되 지금까지 길이 막혔도다

---

28 Brothers, my heart's desire and prayer to God for the Israelites is that they may be saved.

(롬10:1)

직역 형제들아, 내 마음의 바람과 이스라엘 사람들을 위한 하나님께 대한 기도는 그들이 구원받을 수 있다는 것이다

핵심구조 동사 is + that + 주어 they + 동사 may be saved

단어 및 숙어의 확장 save 동사 구원하다 (be saved 구원받다) / Israelite 명사 이스라엘 사람들 (Seoulite: 서울사람들)

해설 that은 앞에 동사 is, 뒤에 주어 they, 동사 may be saved가 왔으므로 종속접속사이다. that 이하의 문장은 be동사 is의 보어가 된다

의역 형제들아 내 마음에 원하는 바와 하나님께 구하는 바는 이스라엘을 위함이니 곧 저희로 구원을 얻게 함이라

---

29 For I can testify about them that they are zealous for God, but their zeal is not based on knowledge.

(롬10:2)

30 That if you confess with your mouth, "Jesus is Lord," and believe in your heart <u>that</u> God raised him from the dead, you will be saved.

(롬10:9)

직역 네가 "예수님은 주님이다"라고 너의 입으로 고백하고 하나님이 그를 죽은 자들로부터 부활시켰음을 너의 마음에서 믿으면, 너는 구원을 받을 것이다

핵심구조 동사 believe + that + 주어 God + 동사 raised

단어 및 숙어의 확장 confess 동사 고백하다 / that은 종속접속사 / the dead=dead people=죽은 자들 / raise 동사 부활하다 / save 동사 구원하다 (be saved 구원받다)

해설 ① heart 다음에 오는 that은 종속접속사이다. in your heart는 부사구이다. ② That절 안에 if가 쓰인 조건절과 주절(you will be saved)이 들어 있다. That은 '즉'으로 해석하면 된다. ③ the dead는 the+형용사=복수보통명사로서 dead people을 의미한다.

의역 네가 만일 네 입으로 예수를 주로 시인하며 또 하나님께서 그를 죽은 자 가운데서 살리신 것을 네 마음에 믿으면 구원을 얻으리니

〈이스라엘: 바니아스 폭포(Banias)〉
베드로가 '주는 그리스도시요 살아계신 하나님의 아들이시니이다'(마 16:16)라고
신앙을 고백한 장소인 가이사랴 빌립보. 현재의 이름은 '바니아스' 이다.

31 Do you not know, brothers—for I am speaking to men who know
the law—that the law has authority over a man only as long as
he lives?

(롬7:1)

직역 형제들아, 너희는 모르느냐?—율법을 아는 자들에게 내가 말하노니—율법은
그가 살아 있는 동안에만 인간을 지배할 권위가 있다는 것을?

핵심구조 동사 know + that + 주어 the law +동사 has

단어 및 숙어의 확장 for=because / as long as ~하는 한

해설 that은 앞에 동사 know, 뒤에 주어 the law, 동사 has가 왔으므로 종속접속사이다

의역 형제들아 내가 법 아는 자들에게 말하노니 너희는 율법이 사람의 살 동안만
그를 주관하는 줄 알지 못하느냐

32 Now we know <u>that</u> whatever the law says, it says to those who are under the law, so that every mouth may be silenced and the whole world held accountable to God. (롬3:19)

직역 이제 우리는 안다 율법이 무엇을 말하든지, 그것은 율법 아래에 있는 자들에게 말하는 것임을, 모든 입이 침묵을 지킬 수 있고 모든 세계가 하나님께 설명할 수 있도록

핵심구조 동사 know + that + 주어 it + 동사 says

단어 및 숙어의 확장 accountable 형용사 책임 있는, 해명할 의무가 있는 / hold 동사 유지하다, 지탱하다 hold-held-held

해설 ① that은 앞에 동사 know, 뒤에 주어 it, 동사 says가 왔으므로 종속접속사이다. ② those 다음에는 people이 생략돼 있다. ③ so that + S + may + R (be silenced) ④ the whole world 다음에는 may be가 생략돼 있다.

의역 우리가 알거니와 무릇 율법이 말하는 바는 율법 아래 있는 자들에게 말하는 것이니 이는 모든 입을 막고 온 세상으로 하나님의 심판 아래 있게 하려 함이니라

성경해설 율법아래에 있는 사람들=유대인 / 모든 입=이방인들과 유대인들, 즉 모든 사람들의 입 / 율법 아래에서 하나님 앞에 무죄한 사람이 없고 양심의 거울 앞에서 하나님께 결백한 자는 하나도 없다.

성경해설 '모든 입을 막고'=공동번역에는 '모든 사람은 말문이 막히게 되고'

33 For we maintain <u>that</u> a man is justified by faith apart from observing the law. (롬3:28)

직역 왜냐하면 우리는 주장하기 때문이다 인간은 율법을 지키는 것은 관두고라도 믿음에 의해서 심판 받는다는 것을

핵심구조 동사 maintain + that + 주어 a man + 동사 is justified

단어 및 숙어의 확장 maintain 동사 주장하다, 옹호하다, 지지하다, 유지하다 / For=because / apart from ~은 별개로 하고

해설 that은 앞에 동사 maintain, 뒤에 주어 a man, 동사 is justified가 왔으므로 종속접

속사이다

의역 그러므로 사람이 의롭다 하심을 얻는 것은 율법의 행위에 있지 않고 믿음으로 되는 줄 우리가 인정하노라

성경해설 '의롭다하심을 얻는 것': 그리스도를 믿고 따르는 사람을 하나님이 의롭다고 인정하시는 것(=칭의)(창15:6)(롬4:7-8)

34 For I am convinced <u>that</u> neither death nor life, neither angels nor demons, neither the present nor the future, nor any powers, neither height nor depth, nor anything else in all creation, will be able to separate us from the love of God that is in Christ Jesus our Lord.

(롬8:38-39)

직역 왜냐하면 나는 확신하기 때문이다 죽음도 삶도, 천사도 악마도 현재도 미래도 어떤 권력도, 높이도 깊이도, 모든 피조물 중 그 어떤 것도 우리 주 그리스도 예수 안에 있는 하나님의 사랑으로부터 우리들을 떼어놓을 수 없다는 것을

핵심구조 동사 am convinced + that + 주어 neither부터 creation까지 + 동사 will be able to separate

단어 및 숙어의 확장 For=because / be convinced that ~을 확신하다 / neither A nor B: A도 아니고 B도 아니다 / be able to + R ~할 수 있다

해설 ① that은 앞에 동사 am convinced, 뒤에 주어 neither부터 creation까지, 동사 will be able to separate가 왔으므로 종속접속사이다. ② God 다음의 that은 주격 관계대명사이다. ③ Christ Jesus와 our Lord는 동격이다.

의역 내가 확신하노니 사망이나 생명이나 천사들이나 권세자들이나 현재 일이나 장래 일이나 능력이나 높음이나 깊음이나 다른 아무 피조물이라도 우리를 우리 주 그리스도 예수 안에 있는 하나님의 사랑에서 끊을 수 없으리라

35 For I could wish <u>that</u> I myself were cursed and cut off from Christ for the sake of my brothers, those of my own race, the people of Israel. Theirs is the adoption as sons; theirs the divine glory, the

covenants, the receiving of the law, the temple worship and the
promises.   (롬9:3-4)

직역 내 형제들과 내 자신의 종족들과 이스라엘 사람들을 위해서라면 내 자신이 직접 저주를 받고 그리스도로부터 단절되었으면 좋겠다. 아들처럼 입양되고 신성한 영광, 언약, 율법을 받음, 성전예배와 약속이 그들의 것이다

핵심구조 동사 could wish + that + 주어 I myself + 동사 were cursed + cut

단어 및 숙어의 확장 For=because / myself는 강조적 용법의 재귀대명사 / curse 동사 저주하다(be cursed 저주받다) / for the sake of ~을 위하여 / adoption 명사 양자로 삼음 / divine glory 영광 / covenant 명사 언약

해설 ① that은 앞에 동사 could wish, 뒤에 주어 I myself, 동사 were cursed/ cut가 왔으므로 종속접속사이다. ② my brothers와 my own race, the people of Israel은 동격이다. ③ theirs와 the divine 사이에는 are가 생략돼 있다. ④ I could wish that + S + were는 가정법과거이다.

의역 나의 형제 곧 골육의 친척을 위하여 내 자신이 저주를 받아 그리스도에게서 끊어질찌라도 원하는 바로라 저희는 이스라엘 사람이라 저희에게는 양자됨과 영광과 언약들과 율법을 세우신 것과 예배와 약속들이 있고

성경해설 'cursed'(저주를 받아): 그리스도와 교제에서 분리된 영원한 저주 상태를 나타내는 표현이다(고전12:3)(엡2:3). 이는 이스라엘의 구원을 위한 바울의 간절한 소망을 보여준다.

---

36 For I tell you <u>that</u> Christ has become a servant of the Jews on behalf of God's truth, to confirm the promises made to the patriarchs so that the Gentiles may glorify God for his mercy, as it is written: "Therefore I will praise you among the Gentiles; I will sing hymns to your name."   (롬15:8-9)

직역 왜냐하면 나는 너희에게 말하기 때문이다 그리스도가 하나님의 진리를 위하여 유대인들의 종이 되었다는 것을, 이방인들이 그의 자비를 위하여 하나님을 영광스럽게 하기 위하여 조상들에게 했던 약속을 확인하기 위하여, 이렇게 쓰여진 것처럼: "그러므로 나는 이방인들 중에서 너희를 찬양할 것이다. 나는 너의 이름을 위하여 찬송가를 노래할 것이다"

동사 tell + that + 주어 Christ + 동사 has become

on behalf of ~을 대신으로, ~을 대표하여, ~을 위하여 / patriarch 명사 조상, 족장

해설 ① that은 앞에 동사 tell, 뒤에 주어 Christ, 동사 has become이 왔으므로 종속접속사이다. ② For는 because의 뜻이다 ③ promises와 made 사이에 주격관계대명사 which were가 생략돼 있다. ④ so that + S(the Gentiles) + may + R(glorify) ~ 하기 위하여

의역 내가 말하노니 그리스도께서 하나님의 진실하심을 위하여 할례의 수종자(隨從者)가 되셨으니 이는 조상들에게 주신 약속들을 견고케 하시고 이방인으로 그 긍휼(矜恤)하심을 인하여 하나님께 영광을 돌리게 하려 하심이라 기록된바 이러므로 내가 열방 중에서 주께 감사하고 주의 이름을 찬송하리로다 함과 같으니라

성경해설 '할례의 수종자': 공동번역에서는 '할례받은 사람들의 종'으로 되어 있다. 예수께서 인류를 구원하기 위해 유대인들의 저주를 받고 낮고 천한 자리에 있었음을 가리키는 말이다(마15:24)

---

37 Now you, if you call yourself a Jew; if you rely on the law and brag about your relationship to God; if you know his will and approve of what is superior because you are instructed by the law; if you are convinced <u>that</u> you are a guide for the blind, a light for those who are in the dark, an instructor of the foolish, a teacher of infants, because you have in the law the embodiment of knowledge and truth—you, then, who teach others, do you not teach yourself? You who preach against stealing, do you steal? (롬2:17-21)

직역 이제, 네가 네 자신을 유대인이라고 부르면서도, 네가 율법에 의존하여 하나님과 너의 관계에 대하여 뻐기면서도, 네가 그의 의지를 알고 탁월한 것을 인정하면서도, 네가 율법에 의하여 지시받기 때문에, 네가 눈 먼 자들을 위한 안내자이고, 어둠 속에 있는 자들을 위한 불빛이고, 어리석은 자들을 가르치는 자가 되고, 영아들의 교사가 된다는 것을 확신할지라도, 네가 율법 안에서 지식과 진리를 구현하기 때문에—그런데도, 타인들을 가르치는 너는 네 자신을 가르

치지 않느냐? 훔치는 일을 하지 말라고 가르치는 네가 훔치느냐?

핵심구조 동사 are convinced + that + 주어 you + 동사 are

단어 및 숙어의 확장 rely on=depend on= ～에 의지하다, 의존하다 / brag (vi) 자랑하다, 자만하다, 허풍떨다 ex) He brags of his rich father. (vt) **명사** 자랑, 허풍, 허풍선이 approve of ～을 인정하다 / superior ～보다 우월한 / be convinced of(that) ～을 확신하다 / the blind=blind people=눈이 먼 사람들 / the foolish= foolish people=어리석은 자들 / infant **명사** 영아, 어린이 / embodiment **명사** 구체화, 구현, 구상화, 구체적 표현 steal **동사** 훔치다 (steal-stole-stolen)

해설 ① that은 앞에 동사 are convinced, 뒤에 주어 you, 동사 are가 왔으므로 종속접속사이다. ② those 다음에 people이 생략돼 있다. ③ if= ～하면서도, 비록～하면서도(=though)

의역 유대인이라 칭하는 네가 율법을 의지하며 하나님을 자랑하며 율법의 교훈을 받아 하나님의 뜻을 알고 지극히 선한 것을 좋게 여기며 네가 율법에 있는 지식과 진리의 규모를 가진 자로서 소경의 길을 인도하는 자요 어두움에 있는 자의 빛이요 어리석은 자의 훈도(訓導)요 어린아이의 선생이라고 스스로 믿으니 그러면 다른 사람을 가르치는 네가 네 자신을 가르치지 아니하느냐 도적질 말라 반포(頒布)하는 네가 도적질하느냐

---

5 종속접속사 that이 생략된 문장

$$S + V + (that) + S + V$$

종속접속사 that은 생략할 수 있다.

예문1 Kuroom knew ✓ Jay was good. (구름이는 알고 있었다 제이가 착하다는 것을)

예문2 Jesus knew ✓ the man wanted to walk.
(예수님은 알고 계셨다 그 사람이 걷기 원한다는 것을)

예문3 Do you believe ✓ Jesus died on the cross because of your sins?
(당신은 믿습니까 당신의 죄 때문에 예수님이 십자가에서 돌아가신 것을?)

예문4 Make sure ✓ the belt is not slack or twisted.
(확인하시오 벨트가 느슨하거나 엉키지 않았는지)

---

1 So when you, a mere man, pass judgment on them and yet do the same things, do you think ✓ you will escape God's judgment?

(롬2:3)

직역 그래서 단순한 인간인 네가 그들에 대하여 판단을 내리면서도 같은 일을 할 때, 너는 생각하느냐 네가 하나님의 심판을 피할 것이라고?

핵심구조 동사 think + (that) + 주어 you + 동사 will escape

단어 및 숙어의 확장 mere 형용사 단순한, 순전한 / pass 동사 판결을 내리다

해설 think와 you 사이에 종속접속사 that이 생략돼 있다.

의역 이런 일을 행하는 자를 판단하고도 같은 일을 행하는 사람아 네가 하나님의 판단을 피할 줄로 생각하느냐

---

6 관계대명사 that이 들어간 문장

관계대명사 바로 뒤에 '주어+동사'가 오면 그 관계대명사는 목적격이고, '동사'가 오면 주격이다.

> 1) N + 목적격관계대명사 + S + V
> 2) N + 목적격관계대명사 + 일반동사

6-1. 목적격관계대명사

N + 관계대명사 + S + V

관계대명사 다음에 주어(S) + 동사(V)가 오면 그 관계대명사는 목적격이다. 목적격관계대명사는 생략할 수 있다.

예문1 Give us the food <u>that</u> we need today.

(오늘 우리가 필요한 음식을 우리에게 주세요.)

[선행사인 명사는 the food, 관계대명사는 that인데 that 다음에 주어(we) + 동사(need)가 왔으므로 목적격관계대명사이다.]

예문2 The church people shared food and everything else <u>that</u> they had.

(교인들은 가지고 있는 음식과 모든 것을 나누었다.)

[선행사인 명사는 food and everything, 관계대명사는 that인데 that 다음에 주어(they) + 동사(had)가 왔으므로 목적격관계대명사이다.]

---

1 It was not through law that Abraham and his offspring received the promise <u>that</u> he would be heir of the world, but through the righteousness that comes by faith.

(롬4:13)

직역 아브라함과 그의 후손이 그가 세상의 상속자가 될 것이라는 약속을 받은 것은 율법을 통해서가 아니라 믿음으로 오는 정의를 통해서였다

핵심구조 명사 the promise + that + 주어 he + 동사 would be

단어 및 숙어의 확장 not though A but through B: A를 통해서가 아니라 B를 통해서이다 / heir 명사 상속자 (h는 묵음)

해설 ① that은 앞에는 명사, 뒤에는 주어 + 동사가 왔으므로 목적격관계대명사이다. ② It is not through law~.는 강조구문으로서 not through law와 the righteousness that comes by faith가 강조돼 있다. ③ righteousness 다음의 that은 주격관계대명사이다.

의역 아브라함이나 그 후손에게 세상의 후사(後嗣)가 되리라고 하신 언약은 율법으

로 말미암은 것이 아니요 오직 믿음의 의로 말미암은 것이니라

> **성경해설** '후사'=상속자

2 And he is also the father of the circumcised who not only are circumcised but who also walk in the footsteps of the faith <u>that</u> our father Abraham had before he was circumcised. (롬4:12)

> **직역** 그리고 그는 할례 받은 사람들의 아버지이기도한데 이들은 할례 받을 뿐만 아니라 할례받기 이전 우리 조상 아브라함이 지녔던 믿음의 발자취로 걸은 자들이다

> **핵심구조** 명사 the footsteps of the faith + that + 주어 our father Abraham + 동사 had

> **단어 및 숙어의 확장** footstep 발자국, 발자취 / not only A but (also) B: A뿐만 아니라 B도 역시

> **해설** ① that은 앞에는 명사, 뒤에는 주어 + 동사가 왔으므로 목적격관계대명사이다.
> ② our father와 Abraham은 동격이다.

> **의역** 또한 할례자의 조상이 되었나니 곧 할례 받을 자에게뿐 아니라 우리 조상 아브라함의 무할례시에 가졌던 믿음의 자취를 좇는 자들에게도니라

> **성경해설** 복은 유대인들뿐 아니라 이방인들에게도 동일하게 주어진다. 이 사실을 바울은 아브라함의 예를 들어 설명하고 있다. 아브라함이 믿음으로 의롭게 여겨진 것(창15)은 할례받기(창17)이전, 즉 아직 이방인이었을 때였다는 것이다. ~ 아브라함은 할례받기 이전에 믿었고, 그 믿음으로 의롭게 여겨졌으며, 이로써 그 의에 대한 인침을 위해 할례의 표적을 받았다. 즉 이방인들도 '할례'라는 행위가 없이도 의롭게 여김을 받게 하려는 것이었다.
> **할례와 안식일, 이 두 가지는 유대인들에게 주어진 표적(sign)이었다.
> "유대인들은 표적을 구하고~"(고전1:22)
> "너는 또한 이스라엘 자손에게 고하여 말하기를 '너는 나의 안식일들을 지킬지니 이는 그것이 너희 대대에 걸쳐 나와 너희 사이에 표적임이라. 이로써 내가 너희를 거룩케 하는 주임을 너희로 알게 하려는 것이라"(출31:13)

> **성경해설** '자취를 좇는': '줄에 들어서다' '~과 일치하다' 믿음의 삶을 그대로 따르는 것을 의미한다 (벧전2:21)

3 In the same way, the Spirit helps us in our weakness. We do not know what we ought to pray for, but the Spirit himself intercedes for us with groans <u>that</u> words cannot express. (롬8:26)

> **직역** 마찬가지로, 성령은 우리의 약함 속에서 우리를 도우신다. 우리는 무엇을 위하여 기도해야하는지 모른다, 하지만 성령은 말이 표현할 수 없는 탄식으로 우리를 위하여 몸소 중재하신다
>
> **핵심구조** 명사 groans + that + 주어 words + 동사 cannot express
>
> **단어 및 숙어의 확장** in the same way 마찬가지로 / ought to=should=must ~해야 한다 / intercede 동사 중재하다, 간구하다
>
> **해설** ① that은 앞에는 명사, 뒤에는 주어 + 동사가 왔으므로 목적격관계대명사이다. ② what은 의문대명사이다.
>
> **의역** 이와 같이 성령도 우리 연약함을 도우시나니 우리가 마땅히 빌 바를 알지 못하나 오직 성령이 말할 수 없는 탄식으로 우리를 위하여 친히 간구하시느니라

4 And he received the sign of circumcision, a seal of the righteousness <u>that</u> he had by faith while he was still uncircumcised. So then, he is the father of all who believe but have not been circumcised, in order that righteousness might be credited to them. (롬4:11)

> **직역** 그는 할례라는 표적을 받았는데, 그것은 정의라는 인증인데 그는 아직 할례를 받지 않았던 동안 그것을 믿음으로 지녔다. 그래서, 그는 믿지만 할례 받지 않았던 모든 사람들의 아버지다, 정의가 그들에게 돌려질 수 있도록 하기 위하여
>
> **핵심구조** 명사 a seal of righteousness + that + 주어 he + 동사 had
>
> **단어 및 숙어의 확장** seal 명사 승인, 증명, 인증, 봉인 / circumcision 명사 할례 / circumcise 동사 할례를 주다 (be circumcised 할례를 받다) / credit 동사 (공적, 명예 따위를) 남에게 돌리다
>
> **해설** ① that은 앞에는 명사, 뒤에는 주어 + 동사가 왔으므로 목적격관계대명사이다. ② the sign of circumcision과 a seal of the righteousness는 동격이다. ③ in order that + S + might + R ~하기 위해서

6-2. 주격관계대명사

관계대명사 뒤에 주어 + 동사가 오면 그 관계대명사는 목적격관계대명사지만, 뒤에 동사가 오면 주격관계대명사이다.

N + 주격관계대명사 + V(일반동사)

관계대명사 다음에 일반동사가 오면 그 관계대명사는 주격이며, 주격관계대명사 that 을 생략할 수 없다!

예문1 Joseph understood God planned all that had happened to him for good.
(요셉은 하나님이 그에게 일어났던 모든 일을 영원히 계획하심을 이해했다.)
[that 다음에 동사 had happened가 왔으므로 주격이다.]

예문2 Kekec is a true hero, the one that can warm people's hearts.
(캐킥은 진실한 영웅인데, 즉 사람들의 마음을 따뜻하게 할 수 있는 사람이다.)
[that 다음에 동사 can warm이 왔으므로 주격이다.]

예문3 Everyday millions of gallons of water are used to wash towels that have only been used once.
(겨우 한 번 사용된 수건을 세탁하기 위하여 수백만 갤런의 물이 매일 사용됩니다.) [that 다음에 동사 have been used가 왔으므로 주격이다.]

1 and are justified freely by his grace through the redemption that came by Christ Jesus.

(롬3:24)

직역 그리고 그리스도 예수에 의해서 왔던 회개를 통하여 그의 은혜로 값없이 의롭게 된다

핵심구조 명사 redemption + that + 일반동사 came

해설 that은 뒤에 일반동사가 왔으므로 주격관계대명사이며 생략할 수 없다.

의역 그리스도 예수 안에 있는 구속으로 말미암아 하나님의 은혜로 값없이 의롭다 하심을 얻은 자 되었느니라

성경해설 "원하는 자는 누구든지 생명수를 값없이 마시게 할지어다"(계22:17)

성경해설 '구속': (literal meaning: 속전을 받고 종이나 포로를 놓아준다)
(implicit meaning: 성경적으로는 그리스도의 십자가 사건을 통해서 인간이 죄와 죽음에서 해방된 것을 가리킨다(히9:15)

---

2 It is better not to eat meat or drink wine or to do anything else that will cause your brother to fall.

(롬14:21)

직역 너희 형제를 타락하게 하는 고기를 먹거나 술을 마시거나 그 어떤 일을 하지 않는 것이 더 낫다

핵심구조 명사 meat, wine, anything else + that + 일반동사 will cause

단어 및 숙어의 확장 cause **동사** 야기시키다, 초래하다 / fall **동사** 떨어지다, 타락하다 / meat **명사** 고기(육식)

해설 ① that은 뒤에 일반동사 cause가 왔으므로 주격관계대명사이며 생략할 수 없다. that 이하의 문장의 시제는 미래이므로 will cause가 되었다. ② It은 가주어, to eat과 (to)drink, to do는 진주어이다. ③ cause + O + to R

의역 고기도 먹지 아니하고 포도주도 마시지 아니하고 무엇이든지 네 형제로 거리끼게 하는 일을 아니함이 아름다우니라

---

3 But the man who has doubts is condemned if he eats, because his eating is not from faith; and everything that does not come from faith is sin.

(롬14:23)

직역 그러나 의심하는 사람은 먹더라도 정죄를 받는다, 그의 먹음이 믿음에서 오는 것이 아니기 때문이다. 믿음에서 오지 않는 것은 모두 죄이다

명사 everything + that + 일반동사 come

doubt 동사 의심하다 / condemn 동사 정죄를 받다, 선고받다

that은 뒤에 일반동사 come이 왔으므로 주격관계대명사이며 생략할 수 없다.

의심하고 먹는 자는 정죄되었나니 이는 믿음으로 좇아 하지 아니한 연고라 믿음으로 좇아 하지 아니하는 모든 것이 죄니라

'모든 것': 그리스도인들 간에 의견을 달리 할 수 있는 문제들에 있어서 믿음으로 하지 아니한 모든 소신 없는 행동은 죄라는 뜻이다

**14장 1-23절: 믿음이 강한 자는 믿음이 약한 자를 같은 그리스도인으로 받아들여야 할 의무가 있으며, 서로 사적인 자유를 제한하지 말 것을 권유하고 있다(3-13절). 더욱이 '화평의 일과 덕을 세우는 일'(19절)을 힘씀으로써 믿음이 연약한 자의 행복을 존중해야 한다(21절)

**15장 1절부터 13절까지(그리스도인의 책임과 의무): 서로 용납하라. 바울은 그리스도께서 이방인과 유대인의 벽을 허물고 모든 죄인들을 은혜의 복음으로 초청하셨듯이 성도들 또한 한 마음과 한 뜻으로 솔선하여 사랑의 봉사를 실천함으로써 한 몸임을 드러낼 것을 당부한다.

---

4 Since they did not know the righteousness <u>that</u> <u>comes</u> from God and sought to establish their own, they did not submit to God's righteousness.

(롬10:3)

그들이 하나님으로부터 오는 정의를 몰랐고 그들 자신의 것을 설립하기를 추구하였기 때문에 그들은 하나님의 정의에 복종하지 않았다

명사 righteousness + that + 일반동사 comes

seek-sought-sought 추구하다, 좇다, 찾다 / establish 동사 설립하다, 세우다 / submit 동사 복종하다

① that은 뒤에 일반동사 comes가 왔으므로 주격관계대명사이며 생략할 수 없다.
② since는 because의 뜻이다.

하나님의 의를 모르고 자기 의를 세우려고 힘써 하나님의 의를 복종치 아니하였느니라

5 For you did not receive a spirit <u>that makes</u> you a slave again to fear, but you received the Spirit of sonship. And by him we cry, Abba, Father.

(롬8:15)

> **직역** 왜냐하면 너는 너를 또다시 두려움의 노예로 만드는 영을 받지 않았고 양자의 영을 받았기 때문이다. 그리고 그에 의해서 우리는 아바, 아버지를 소리쳐 부른다
>
> **핵심구조** 명사 a spirit + that + 일반동사 makes
>
> **단어 및 숙어의 확장** For=because / sonship 〔명사〕 양자
>
> **해설** that은 뒤에 일반동사 makes가 왔으므로 주격관계대명사이며 생략할 수 없다.
>
> **의역** 너희는 다시 무서워하는 종의 영을 받지 아니하였고 양자의 영을 받았으므로 아바 아버지라 부르짖느니라
>
> **성경해설** '아바 아버지': 아빠 아버지라고 번역하여 하나님께 대한 성도의 친밀감을 드러내 준다 / '부르짖느니라': 까마귀의 울음소리를 본 뜬 의성어로서, 하나님의 자녀가 된 성도의 감격을 생생하게 보여준다

6 Greet also the church <u>that meets</u> at their house. Greet my dear friend Epenetus, who was the first convert to Christ in the province of Asia.

(롬16:5)

> **직역** 그들의 집에서 만나는 교회에게도 인사하라. 나의 사랑하는 친구 에페니투스에게 문안하라, 왜냐하면 그는 아시아지역에서 그리스도께 첫 개종자였기 때문이다
>
> **핵심구조** 명사 church + that + 일반동사 meets
>
> **단어 및 숙어의 확장** convert 〔명사〕 개종자 〔동사〕 개종하다
>
> **해설** ① that은 뒤에 일반동사 meets가 왔으므로 주격관계대명사이며 생략할 수 없다. ② dear friend와 Epenetus는 동격이다. ③ ,who는 계속적용법의 관계대명사로서 'for he'로 바꿀 수 있다.
>
> **의역** 또 저의 교회에게도 문안하라 나의 사랑하는 에배네도에게 문안하라 저는 아시아에서 그리스도께 처음 익은 열매니라

'저희 교회': 저들의 집에서 모이는 교회, 즉 '가정교회'를 지칭함(고전16:19) / '아시아': 신약에 기록된 아시아는 오늘날의 아시아 대륙 전체가 아니라 현재의 소아시아 서부지역인 로마의 속주가 된 행정구역의 아시아도를 가리킴 (행6:9). 발칸반도와 마주보며 아시아 대륙 서쪽 끝단에 돌출하여 북은 흑해, 서는 에게해, 남은 지중해로 둘러싸여 있는 반도. 소아시아의 서부 연안 지대로 기후는 온화한 편이다. 유럽대륙과 아시아대륙의 연결점이라는 지리적인 위치로 시대에 따라 민족 대이동의 주요 통로서 많은 전쟁이 있었으며 각종 문화, 종교, 인종의 혼합지대였다. 특히 철학과 밀의종교, 미드라교, 디오니소스제의, 몬타미교 등의 이방종교가 성행하였고 로마교황 숭배의 중심지로 이곳의 기독교는 극심한 박해를 받았으며 기독교의 이단사상의 근원지였다. 한편 에베소에 있어서 바울의 선교는 이곳 복음화에 큰 영향을 주었으며(행19:10, 20:18) 요한계시록의 유명한 일곱교회는 모두 이곳에 위치한다. / '처음 익은 열매': '첫 회심자'

7 Who is he that condemns? Christ Jesus, who died—more than that, who was raised to life—is at the right hand of God and is also interceding for us.

(롬8:34)

직역 비난하는 그는 누구냐? 죽으셨던—그보다도 더한 것은, 부활하셨던 그리스도 예수는—하나님의 오른편에 계시며 또한 우리를 위하여 중재하시는 중이다

핵심구조 명사 he + that + 일반동사 condemns

단어 및 숙어의 확장 intercede 동사 간구하다, 중재하다 / be raised to life 부활하다 / condemn 동사 비난하다, 정죄하다

해설 ① that은 뒤에 일반동사 condemns가 왔으므로 주격관계대명사이며 생략할 수 없다. ② "누가 그를 정죄하리요?"는 수사의문문으로서 "Nobody can condemn him.(아무도 그를 정죄하지 못한다)"의 뜻이다. ③ than 다음의 that은 지시대명사이다.

의역 누가 정죄하리요 죽으실 뿐 아니라 다시 살아나신 이는 그리스도 예수시니 그는 하나님 우편에 계신 자요 우리를 위하여 간구하시는 자시니라

8 Through him and for his name's sake, we received grace and apostleship to call people from among all the Gentiles to the obedience <u>that</u> <u>comes</u> from faith.

(롬1:5)

> **직역** 그를 통해서 그리고 그의 이름을 위해서, 우리는 은혜와 사도직을 받고 모든 이방인들로부터 사람들을 불러서 믿음에서 오는 순종을 하도록 하였다
>
> **핵심구조** 명사 obedience + that + 일반동사 comes
>
> **단어 및 숙어의 확장** for my(your, a person's) sake 나를(당신을, 아무를)위하여 / for one's name's sake ~의 이름을 위하여 / apostleship 사도직분 / to the obedience의 to: (한계, 도달점) ~까지~에 이르기까지 ex) from beginning to end 처음부터 끝까지, count from one to fifty 하나에서 50까지, all wet to the skin 흠뻑 젖어, fight to the last man 최후의 1인까지 / gentile 이방인(유대인을 기준으로 할 경우) 유대인이 아닌 민족 / 일반적으로 이방인 또는 이교도는 pagan이라고 함 / to call people 사람들을 부르도록(부정사의 부사적용법의 목적) / obedience 복종, 순종
>
> **해설** that은 뒤에 일반동사 comes가 왔으므로 주격관계대명사이며 생략할 수 없다.
>
> **의역** 그로 말미암아 우리가 은혜와 사도의 직분을 받아 그 이름을 위하여 모든 이방인 중에서 믿어 순종케 하나니

9 Do not destroy the work of God for the sake of food. All food is clean, but it is wrong for a man to eat anything <u>that</u> <u>causes</u> someone else to stumble.

(롬14:20)

> **직역** 먹을 것을 위하여 하나님의 일을 파괴하지마라. 모든 음식은 청결하다, 그러나 사람이 누군가 다른 사람을 넘어지도록 한 것을 먹는 것은 나쁜 일이다
>
> **핵심구조** 명사 anything + that + 일반동사 causes
>
> **단어 및 숙어의 확장** for the sake of ~을 위하여 / stumble [동사] 넘어지다, 비틀거리다
>
> **해설** ① that은 뒤에 일반동사 causes가 왔으므로 주격관계대명사이며 생략할 수 없다. ② it는 가주어, for a man은 의미상의 주어, to eat는 진주어이다. ③ cause + O + to R
>
> **의역** 식물을 인하여 하나님의 사업을 무너지게 말라 만물이 다 정하되 거리낌으로 먹는 사람에게는 악하니라

'하나님의 사업을 무너지게': '무너지게'는 19절의 '세우는'과 대조되는 말로서 하나님의 사업은 하나님께서 연약한 신자들을 통해서도 일하고 계심을 나타내 준다(엡2:10) / '거리낌': '범죄의 기회' '실족' '충격' '방해물' 등의 뜻으로, 사람으로 하여금 죄책감을 갖게 하는 것을 의미함(고전8:9)

10 It was not through law that Abraham and his offspring received the promise that he would be heir of the world, but through the righteousness <u>that comes</u> by faith. (롬4:13)

직역 아브라함과 그의 후손이 그가 세상의 상속자가 될 것이라는 약속을 받은 것은 율법을 통해서가 아니라 믿음으로 오는 정의를 통해서였다

핵심구조 명사 righteousness + that + 일반동사 comes

단어 및 숙어의 확장 not though A but through B: A를 통해서가 아니라 B를 통해서이다 / heir 명사 상속자 (h는 묵음)

해설 ① that은 뒤에 일반동사 comes가 왔으므로 주격관계대명사이며 생략할 수 없다. ② It is not through law~.는 강조구문으로서 not through law와 the righteousness that comes by faith가 강조돼 있다. ③ promise 다음의 that은 앞에는 명사, 뒤에는 주어 + 동사가 왔으므로 목적격관계대명사이다.

의역 아브라함이나 그 후손에게 세상의 후사(後嗣)가 되리라고 하신 언약은 율법으로 말미암은 것이 아니요 오직 믿음의 의로 말미암은 것이니라

성경해설 '후사'=상속자

11 Consequently, just as the result of one trespass was condemnation for all men, so also the result of one act of righteousness was justification <u>that brings</u> life for all men. (롬5:18)

직역 따라서, 하나의 범죄의 결과가 모든 인간에 대한 유죄판결이었듯이, 하나의 정의로운 행동의 결과가 모든 인간을 위한 생명을 가져오는 의로움이었다

핵심구조 명사 justification + that + 일반동사 brings

단어 및 숙어의 확장 consequently 부사 따라서 / condemnation 명사 비난, 유죄판

결, 죄의 선고 / as~so~ ~하듯이~하다

해설 ① that은 뒤에 일반동사 brings가 왔으므로 주격관계대명사이며 생략할 수 없다.
② as~so~ 마치~하듯이~하다

의역 그런즉 한 범죄로 많은 사람이 정죄에 이른 것같이 의의 한 행동으로 말미암아 많은 사람이 의롭다 하심을 받아 생명에 이르렀느니라

12 Everyone must submit himself to the governing authorities, for there is no authority except that which God has established. The authorities <u>that exist</u> have been established by God. (롬13:1)

직역 모든 이가 지배권력에 자신을 복종시켜야한다, 왜냐하면 하나님이 설립하신 그것 이외에는 아무런 권력이 없기 때문이다. 존재하는 그 권력은 하나님에 의해서 설립되어왔다

핵심구조 명사 authorities + that + 일반동사 exist

단어 및 숙어의 확장 submit 〔동사〕 복종(순종)(굴복)하다 / govern 〔동사〕 지배하다, 다스리다 / authority 〔명사〕 권력, 권세, 권위, 당국 / for=because / establish 〔동사〕 설립하다, 세우다

해설 ① that은 뒤에 일반동사 exist가 왔으므로 주격관계대명사이며 생략할 수 없다.
② except 다음의 that은 지시대명사로서 authority를 의미한다. ③ governing은 authorities를 앞에서 꾸며주는 제한적 용법의 현재분사이다.

의역 각 사람은 위에 있는 권세들에게 굴복하라 권세는 하나님께로 나지 않음이 없나니 모든 권세는 다 하나님의 정하신 바라

성경해설 권세들(authorities): '힘' '능력'이 있는 자들로 주로 영적 의미로 사용되었지만 여기서는 통치권자, 당국자들을 가리킨다(고전15:14) / 개개의 구체적인 세상의 권력집단을 가리킨다

13 But the gift is not like the trespass. For if the many died by the trespass of the one man, how much more did God's grace and the gift <u>that came</u> by the grace of the one man, Jesus Christ, overflow to the many ! (롬5:15)

직역 그러나 그 선물은 범죄와 같지 않다. 왜냐하면 많은 사람들이 한 사람의 범죄에 의해서 죽는다면, 한 사람, 예수 그리스도의 은혜로 온 하나님의 은혜와 선물은 수많은 사람들에게 얼마나 더 넘치도록 주겠는가! (=예수 그리스도의 은혜로 수많은 사람들은 하나님의 은혜와 선물을 넘치도록 많이 받을 것이다)

핵심구조 명사 God's grace and the gift + that + 일반동사 came

단어 및 숙어의 확장 trespass 명사 동사 범죄(하다) / overflow 동사 흘러넘치다 For=because

해설 ① that은 뒤에 일반동사 came이 왔으므로 주격관계대명사이며 생략할 수 없다. ② the one man과 Jesus Christ는 동격이다. ③ many 다음에는 people이 생략돼 있다.

의역 그러나 이 은사는 그 범죄와 같지 아니하니 곧 한 사람의 범죄를 인하여 많은 사람이 죽었은즉 더욱 하나님의 은혜와 또는 한 사람 예수 그리스도의 은혜로 말미암은 선물이 많은 사람에게 넘쳤으리라

---

14 As it is written: "See, I lay in Zion a stone <u>that causes</u> men to stumble and a rock <u>that makes</u> them <u>fall</u>, and the one who trusts in him will never be put to shame." (롬9:33)

직역 이렇게 쓰여진 것과 같다: "보라, 나는 시온에 사람을 넘어지게 하는 돌을 놓고 그들을 떨어지게 하는 바위를 둔다. 그를 믿는 자는 결코 수치를 당하지 않을 것이다"

핵심구조 명사 a stone + that + 일반동사 causes
명사 a rock + that + 일반동사 makes

단어 및 숙어의 확장 lay (vt)~을 두다, 놓다 / cause 동사 초래하다, 야기하다 / trust in 믿다, 신뢰하다 / tumble 동사 (실족하여)넘어지다, 비틀거리다

해설 ① 주격관계대명사 두 개의 that은 뒤에 일반동사 causes와 makes가 왔으므로 생략할 수 없다. ② makes them fall에서 fall 앞에 to가 없는 것은 makes가 사역동사이기 때문이다.

의역 기록된바

보라 내가 부딪히는 돌과 거치는 반석을 시온에 두노니 저를 믿는 자는 부끄러움을 당치 아니하리라 함과 같으니라

> **성경해설** Zion [záiən] ① 시온산(예루살렘에 있는 유대인이 신성시하는 산 (하나님의 보좌가 계신 산성) ②유대인이 고국, 유대교의 상징으로서의 이스라엘 ③ (집합적) 신의 선민, 이스라엘 백성 ④ 천국, 이상향 ⑤ 신약에서는 시온=예루살렘시민=하나님의 하늘거처=새예루살렘=신천신지로 사용됨(롬9:33)(히12:22)(벧전2:6)(계14:1)

15 Again I ask: Did Israel not understand? First, Moses says, "I will make you envious by those who are not a nation; I will make you angry by a nation <u>that has</u> no understanding." And Isaiah boldly says, "I was found by those who did not seek me; I revealed myself to those who did not ask for me.

(롬10:19-20)

> **직역** 또다시 나는 질문한다. 이스라엘은 이해하지 않았는가? 첫째, 모세가 말한다, "나는 열방이 아닌 자들이 너희를 부러워하도록 만들겠다. 나는 이해심이 없는 나라에 의해서 너희를 화나도록 하겠다"고. 이사야는 대담하게 말한다. "나는 나를 찾지 않은 자들에 의해서 발견되었다. 나는 나를 요청하지 않았던 자들에게 직접 드러냈다"고

> **핵심구조** 명사 a nation + that + 일반동사 has

> **단어 및 숙어의 확장** envious 형용사 부러워하는, 질투심이 강한 / boldly 부사 과감하게, 용기 있게 / find-found-found / seek-sought-sought / reveal 동사 드러내다

> **해설** ① that은 뒤에 일반동사 has가 왔으므로 주격관계대명사이며 생략할 수 없다.
> ② those 다음에는 people이 생략돼 있다.

> **의역** 그러나 내가 말하노니 이스라엘이 알지 못하였느뇨 먼저 모세가 이르되 내가 백성 아닌 자로써 너희를 시기나게 하며 미련한 백성으로써 너희를 노엽게 하리라 하였고 또한 이사야가 매우 담대하여 이르되 내가 구하지 아니하는 자들에게 찾은 바 되고 내게 문의하지 아니하는 자들에게 나타났노라 하였고

7 관계대명사 that이 생략된 문장

---

1) 목적격관계대명사를 생략할 수 있다.
2) 주격관계대명사 바로 뒤에 be동사가 오면 주격관계대명사와 be동사를 함께 생략
   할 수 있다.

> 1) N + (목적격관계대명사) + S + V
> 2) N + (주격관계대명사 + be동사) + p.p.

7-1. 목적격관계대명사의 생략

목적격관계대명사는 생략할 수 있다.

> N + (that) + S + V

- **목적격관계대명사의 생략의 예**
  목적격관계대명사 다음에는 반드시 S와 V가 온다. 이 때 목적격관계대명사 that은
  생략될 수 있다. that 대신에 which가 올 경우도 있는데 이 때 which도 목적격이므
  로 생략될 수 있다. 그러나 선행사 바로 앞에 서수, 최상급, the only, the very, all,
  no, the same 등이 올 때는 반드시 관계대명사 that을 사용해야만 한다.

예문1 All ✓ Mary could do was to say, "I have seen the Lord."
(마리아가 할 수 있는 모든 것은 "내가 주님을 뵈었다"라고 말하는 것이었다.)
[all과 Mary 사이에 목적격관계대명사 that이 생략됐다.]

예문2 The people did not understand the kind of salvation ✓ Jesus was bringing.
(사람들은 예수님이 가져 온 종류의 구원을 이해하지 않았다.)
[salvation과 Jesus 사이에 목적격관계대명사 that이 생략됐다.]

예문3 She wants to spread the joy ✓ she has found in Jesus.
(그녀는 예수님에게서 찾았던 기쁨을 확산시키고 싶어한다.)
[joy와 she 사이에 목적격관계대명사 that이 생략됐다.]

예문4 They joyfully told everyone about the things ✓ they had seen and heard.
(그들은 본 것과 들은 것들에 대해서 모든 사람에게 즐겁게 말했다.)
[things와 they 사이에는 목적격관계대명사 that이 생략됐다.]

예문5 The natural soap Clean Skin Mythos ✓ you selected contains olive oil extracts, red wine and grape seeds.
(당신이 선택한 자연비누 Clean Skin Mythos에는 올리브 오일 추출물, 붉은색 포도주와 포도씨가 포함돼 있습니다.)
[Mythos와 you 사이에는 목적격관계대명사 that(또는 which)가 생략돼 있다.]

---

1 For what I do is not the good ✓ I want to do; no, the evil ✓ I do not want to do—this I keep on doing. (롬7:19)

직역 내가 하는 일은 내가 하기를 원하는 선이 아니다. 아니다, 내가 하기를 원하지 않는 악이다—이것을 나는 계속해서 하고 있다

핵심구조 명사 the good + (that) + 주어 I + 동사 want
명사 the evil + (that) + 주어 I + 동사 do not want

단어 및 숙어의 확장 evil 명사 악 / keep on ~ing 계속해서 ~하다

해설 ① the good과 I 사이에는 목적격관계대명사 that 또는 which가 생략돼 있다. the evil과 I 사이에도 목적격관계대명사 that 또는 which가 생략돼 있다. ② what 은 관계대명사로서 the thing which로 바꿀 수 있다. ③ this I keep on doing은 도치된 문장으로서 바르게 배치하면 다음과 같다. I keep on doing this. ④ For는 because의 뜻이다.

의역 내가 원하는바 선은 하지 아니하고 도리어 원치 아니하는바 악은 행하는도다

---

2 What benefit did you reap at that time from the things ✓ you are now ashamed of? Those things result in death! (롬6:21)

직역 그 당시에 무슨 이익을 너희는 거두었느냐 너희가 지금 부끄러워하는 것으로부터? 그러한 것들은 죽음으로 끝난다!

핵심구조 명사 the things + (that) + 주어 you + 동사 are ashamed

단어 및 숙어의 확장 benefit 명사 이익 / reap 동사 열매를 맺다, 추수하다 / at that time: 그 당시에 / be ashamed of ~을 부끄러워하다, 수치스러워하다 / result in ~으로 귀착하다, 끝나다

해설 ① things와 you 사이에 목적격관계대명사 which 또는 that이 생략돼 있다. ② that은 time을 꾸며주는 지시형용사이다.

의역 너희가 그 때에 무슨 열매를 얻었느뇨 이제는 너희가 그 일을 부끄러워하나니 이는 그 마지막이 사망임이니라

---

3 And those ✓ he predestined, he also called; those ✓ he called, he also justified; those ✓ he justified, he also glorified. (롬8:30)

직역 그가 운명지었던 자들을 그는 또한 불렀고 그가 불렀던 자들을 그는 또한 의롭게 하였으며 그가 의롭게 했던 자들을 그는 또한 영광스럽게 하였다

핵심구조 명사 those + (that) + 주어 he + 동사 predestined
명사 those + (that) + 주어 he + 동사 called
명사 those + (that) + 주어 he + 동사 justified

단어 및 숙어의 확장 glorify 〔동사〕 영광스럽게 하다 / justify 〔동사〕 의롭게 하다 / predestine 〔동사〕 운명짓다

해설 ① He also called those (that) he predestined (그가 정하신 자들을 부르셨고); / he also justified those (that) he called. (그는 또한 그가 부르신 자들을 의롭게 해주셨고); he also glorified those (that) he justified. (그는 또한 그가 의롭게 하신 자들을 영광스럽게 해주셨다) those와 he 사이에는 목적격관계대명사 that 또는 whom이 생략돼 있다. ② those 다음에는 people이 생략돼 있다.

의역 또 미리 정하신 그들을 또한 부르시고 부르신 그들을 또한 의롭다 하시고 의롭다 하신 그들을 또한 영화롭게 하셨느니라

---

4 But now that you have been set free from sin and have become slaves to God, the benefit ✓ you reap leads to holiness, and the result is eternal life. (롬6:22)

직역 그러나 너희가 죄로부터 자유로워지고 하나님께 노예가 되었으므로, 너희가 거두는 이익은 거룩함을 초래하며 그 결과는 영생이다

핵심구조 명사 the benefit + (that) + 주어 you + 동사 reap

단어 및 숙어의 확장 now that=since=because / lead to ～을 초래하다

해설 benefit 와 you 사이에는 목적격관계대명사 which 또는 that이 생략돼 있다.

의역 그러나 이제는 너희가 죄에게서 해방되고 하나님께 종이 되어 거룩함에 이르는 열매를 얻었으니 이 마지막은 영생이라

성경해설 '자유하였느니라': '매이지 않는' '독립적인' '구애를 받지 않는'이라는 뜻으로 거룩함과는 전혀 상관없이 죄된 삶을 사는 것을 의미한다

---

5 For those ✓ God foreknew he also predestined to be conformed to the likeness of his Son, that he might be the firstborn among many brothers.

(롬8:29)

직역 하나님이 미리 아셨던 사람들을 위하여 그는 또한 그의 아들과 유사한 것에 순응하게 되는 운명을 지었다, 그가 수많은 형제들 가운데서 장남이 될 수 있도록

핵심구조 명사 those + (that) + 주어 God + 동사 foreknew

단어 및 숙어의 확장 foreknow 동사 미리 알다 / predestine 동사 운명짓다 / conform 동사 적합시키다, 순응시키다)(to), 같은 모양(성질)이 되게 하다 / firstborn 형용사 최초로 태어난, 초태생의 명사 장남 / (so) that + 주어(he) + might + R(be)

해설 ① those와 God 사이에 목적격관계대명사 that이 생략돼 있다. ② ,와 that 사이에는 so가 생략돼 있다.

의역 하나님이 미리 아신 자들로 또한 그 아들의 형상을 본받게 하기 위하여 미리 정하셨으니 이는 그로 많은 형제 중에서 맏아들이 되게 하려 하심이니라

성경해설 '맏아들': 먼저 태어난 자의 뜻으로 죽은 자들 가운데서 먼저 부활한 자라는 의미이다 (골1:15, 18)

---

6 gospel ✓ he promised beforehand through his prophets in the Holy Scriptures regarding his Son, who as to his human nature was a descendant of David, （롬1:2-3）

직역 —그의 아들에 관하여 성경에서 그의 예언자들을 통하여 그가 미리 약속하셨던 복음, 왜냐하면 그의 인간성에 관하여 그는 다윗의 후손이었기 때문이다

핵심구조 명사 gospel + (that) + 주어 he + 동사 promised

단어 및 숙어의 확장 beforehand 미리 / regarding ~에 관하여 /as to ~에 관하여 / human nature 인간성 / descendant 후손

해설 ① the gospel 과 he 사이에는 목적격관계대명사 that 또는 which가 생략돼 있다. ② ,who: 관계대명사의 계속적용법으로서 접속사 + 대명사로 바꾸면 for he가 된다.

의역 이 복음은 하나님이 선지자들로 말미암아 그의 아들에 관하여 성경에 미리 약속하신 것이라 이 아들로 말하면 육신으로는 다윗의 혈통에서 나셨고

---

7 I ask you to receive her in the Lord in a way worthy of the saints and to give her any help ✓ she may need from you, for she has been a great help to many people, including me. （롬16:2）

직역 나는 너희가 그 여자를 주님 안에서 받아들일 것을 요청한다 성도로서 손색없이 그리고 너희로부터 필요할 수 있는 그 어떤 도움이라도 너희가 그녀에게 줄 것을 요청한다, 왜냐하면 그녀가 나를 포함해서 수많은 사람들에게 커다란 도움을 주어왔기 때문이다

핵심구조 명사 help + (that) + 주어 she + 동사 may need

단어 및 숙어의 확장 in a way worthy of ~로서 손색없이, ~에 적당한 방법으로

해설 ① help 와 she 사이에는 목적격관계대명사 that이 생략돼 있다. ② for는 because 의 뜻이다 ③ ask + 목적어 + to R~ ~가~하기를 요청하다, 요구하다

의역 너희가 주 안에서 성도들의 합당한 예절로 그를 영접하고 무엇이든지 그에게 소용되는 나를 도와 줄찌니 이는 그가 여러 사람과 나의 보호자가 되었음이니라

성경해설 '성도들의 합당한 예절': 믿음과 사랑과 상호 존중을 토대로 한 그리스도인 교제의 예의를 의미한다
**16장 3절에서 16절까지: 문안인사—바울과 함께 동거동락 하던 복음의 동역

8 I urge you, brothers, to watch out for those who cause divisions and put obstacles in your way that are contrary to the teaching ✓ you have learned. Keep away from them. (롬16:17)

직역 형제들아, 나는 너희가 분열을 초래하는 자들과 너희가 배웠던 가르침에 반대하는 자들을 조심할 것을 주장한다. 그들을 멀리하라

핵심구조 명사 teaching + (that) + 주어 you + 동사 have learned

단어 및 숙어의 확장 watch out for ~을 경계하다, 조심하다 / division 명사 분열, 불화 / obstacle 명사 장애물 / put obstacles in one's way ~의 길을 방해하다, 훼방을 놓다 / keep away from ~을 멀리하다

해설 ① teaching과 you 사이에 목적격관계대명사 that이 생략돼 있다. ② that은 주격관계대명사이다. ③ urge + O + to R: ~가~하기를 주장하다 ④ those와 who사이에는 people이 생략돼 있다.

의역 형제들아 내가 너희를 권하노니 너희 교훈을 거스려 분쟁을 일으키고 거치게 하는 자들을 살피고 저희에게서 떠나라

성경해설 '거치게 하는 자': 다른 사람의 신앙에 장애가 되는 자

9 How, can they call on the one ✓ they have not believed in? And how can they believe in the one of whom they have not heard? And how can they hear without someone preaching to them? (롬10:14)

직역 그러면, 그들이 믿지 않았던 사람을 어떻게 방문할 수 있는가? 그들이 들어본 적도 없는 자들 중의 한명을 어떻게 믿을 수 있는가? 그들에게 설교하는 사람도 없이 그들은 어떻게 들을 수 있겠는가?

핵심구조 명사 the one + (that) + 주어 they + 동사 have not believed

단어 및 숙어의 확장 believe in (~의 존재를) 믿다 / preach **동사** 설교하다, 가르치다

해설 ① the one과 they 사이에 목적격관계대명사 that이나 whom이 생략돼 있다.
② preaching은 someone을 꾸며주는 현재분사이다.

의역 그런즉 저희가 믿지 아니하는 이를 어찌 부르리요 듣지도 못한 이를 어찌 믿으
리요 전파하는 자가 없이 어찌 들으리요

---

10 For by the grace given me I say to every one of you: Do not think
of yourself more highly than you ought, but rather think of yourself
with sober judgment, in accordance with the measure of faith ✓
God has given you.

(롬12:3)

직역 내게 주어진 은혜로 나는 너희 각자에게 말한다. 네 자신을 네가 해야만 하는
것보다 더 높이 평가하지 말고 오히려 네 자신을 건전하게 판단해라, 하나님이
네게 주셨던 믿음의 분량에 따라서

핵심구조 명사 measure of faith + (that) + 주어 God + 동사 has given

단어 및 숙어의 확장 sober **형용사** 건전한 / in accordance with ~에 따라서, ~와 조화
를 이루어 / highly **부사** 매우, 아주, 높이 평가하여, 격찬하여

해설 ① faith와 God 사이에는 목적격관계대명사 that(which)가 생략돼 있다. ② grace
와 given 사이에는 주격관계대명사 that(which)과 is가 생략돼 있다. ③ For는
because의 뜻이다. ④ with sober judgment는 전치사 + 추상명사로서 '건전하게
판단해서'의 뜻이다.

의역 내게 주신 은혜로 말미암아 너희 중 각 사람에게 말하노니 마땅히 생각할 그
이상의 생각을 품지 말고 오직 하나님께서 각 사람에게 나눠 주신 믿음의 분량
대로 지혜롭게 생각하라

7-2. 주격관계대명사+be동사의 생략

원래 주격관계대명사는 생략될 수 없다. 그러나 주격관계대명사가 바로 뒤에 be동사
를 데리고 올 경우에는 그 주격관계대명사와 be동사는 둘 다 생략될 수 있다.

명사 + (주격관계대명사 + be동사) + p.p.

예문1 I have a smart phone ✓ made in Korea.
(나는 한국에서 만든 스마트폰이 있다.) [that is가 생략됐다.]

예문2 Kekec is a positive character from a children's book ✓ written at the beginning of 20th century. (캐킥은 20세기 초에 쓰여진 어린이 책에 나오는 긍정적 인물이다.) [that is가 생략됐다.]

예문3 The little dog has a nickname ✓ called 'pony.'
(그 어린 강아지에게는 '조랑말'이라는 별명이 있다) [that is가 생략됐다.]

예문4 Jacob loved a young woman ✓ named Rachel.
(야곱은 라헬이라는 이름의 젊은 여자를 사랑했다.) [that was가 생략됐다.]

예문5 Kirk Sign is a trademark ✓ owned by the corporation.
(컥 싸인은 그 주식회사에 의해 소유된 상표이다.)[that is가 생략됐다.]

예문6 In 1952 a film ✓ adopted after the novel received a Golden Lion award.
(1952년에 그 소설을 각색한 영화가 골든라이언 상을 받았다.) [that was가 생략됐다.]

예문7 Elizabeth, ✓ filled with the Holy Spirit, blesses Mary and calls her "the mother of my Lord." (성령으로 가득 찬 엘리사벳은, 마리아를 축복하고 그녀를 "나의 주님의 어머니"라고 부른다.) [that is가 생략됐다.]

---

1 Those ✓ controlled by the sinful nature cannot please God.

(롬8:8)

직역 죄성(罪性)에 의해서 통제되는 사람들은 하나님을 기쁘게 할 수 없다

핵심구조 명사 Those + (that are) + 과거분사 controlled

단어 및 숙어의 확장 please 동사 기쁘게 하다

해설 ① Those와 controlled 사이에는 주격관계대명사 that (who) are가 생략돼 있다.
② those 다음에는 people이 생략돼 있다.

의역 육신에 있는 자들은 하나님을 기쁘시게 할 수 없느니라

2 So too, at the present time there is a remnant ✓ chosen by grace.

(롬11:5)

> **직역** 그래서, 오늘날에도 은혜에 의해서 선택된 유물이 있다
>
> **핵심구조** 명사 remnant + (that is) + 과거분사 chosen
>
> **단어 및 숙어의 확장** at the present time 현재, 지금 / remnant 명사 유물 / grace 은혜
>
> **해설** remnant와 chosen 사이에는 주격관계대명사 that (which) 과 is가 생략돼 있다.
>
> **의역** 그런즉 이와 같이 이제도 은혜로 택하심을 따라 남은 자가 있느니라

3 Greet Rufus, ✓ chosen in the Lord, and his mother, who has been a mother to me, too.

(롬16:13)

> **직역** 주님 안에서 선택된 루퍼스에게 문안하고 그의 어머니에게 문안하라, 왜냐하면 그의 어머니는 나에게도 어머니였기 때문이다
>
> **핵심구조** 명사 Rufus + (that is) + 과거분사 chosen
>
> **단어 및 숙어의 확장** greet 동사 인사하다, 문안하다 / choose 동사 선택하다 (choose-chose-chosen)
>
> **해설** ① chosen 앞에는 주격관계대명사 that과 is가 생략돼 있다. ② ,who는 관계대명사의 계속적 용법으로서 접속사 + 대명사로 바꾸면, for she가 된다.
>
> **의역** 주 안에서 택하심을 입은 루포와 그 어머니에게 문안하라 그 어머니는 곧 내 어머니니라
> **16장 17절에서 20절까지: 분파주의에 대한 경계─.본 서신의 말미에 이르러 바울은 특별히 복음을 탐욕충족의 수단으로 여기고 유기적 통일체로서의 그리스도의 몸된 교회에 분열을 획책하는 세력들을 엄히 경계한다 / 로마교회에는 소수의 무리가 있었다. 즉 1) 유대주의적 신자들 2) 반율법주의자들 3) 영지주의적 분파이다.

4 Greet Apelles, ✓ tested and approved in Christ. Greet those who belong to the household of Aristobulu.

(롬16:10)

직역 그리스도 안에서 테스트받고 인정받은 아펠레스에게 문안하라. 아리스토부루의 집안에 속한 사람들에게 문안하라

핵심구조 명사 Apelles + (that is) + tested and approved

단어 및 숙어의 확장 belong to ~에 속하다 / household 명사 집안, 권속, 일가, 가구

해설 ① tested and approved 앞에는 주격관계대명사 that is가 생략돼 있다. ② those 다음에 people이 생략돼 있다.

의역 그리스도 안에서 인정함을 받은 아벨레에게 문안하라 아리스도불로의 권속에게 문안하라

성경해설 '인정함을 받은': 시련과 환난에 의해 연단을 받은, 무척 고생을 많이 한

---

5 "Lord, they have killed your prophets and torn down your altars; I am the only one ✓ left, and they are trying to kill me"(롬11:3)

직역 "주님, 그들이 당신의 예언자들을 죽였고 당신의 제단들을 헐어버렸습니다. 저는 남아 있는 유일한 사람이고, 그들은 나를 죽이려고 시도하는 중입니다"

핵심구조 명사 one + (that is) + 과거분사 left

단어 및 숙어의 확장 prophet 명사 예언자, 선지자 / tear-tore-torn 동사 찢다 / altar 명사 제단, 제대

해설 one과 left 사이에는 주격관계대명사 that과 is가 생략돼 있다.

의역 주여 저희가 주의 선지자들을 죽였으며 주의 제단들을 헐어 버렸고 나만 남았는데 내 목숨도 찾나이다 하니

---

6 The mind of sinful man is death, but the mind ✓ controlled by the Spirit is life and peace; (롬8:6)

직역 죄인의 마음은 죽음이다, 그러나 성령에 의해서 통제되는 마음은 생명과 평화이다

핵심구조 명사 the mind + (that is) + 과거분사 controlled

단어 및 숙어의 확장 control 동사 통제하다

mind와 controlled 사이에는 주격관계대명사 that(which)과 is가 생략돼 있다.

의역 육신의 생각은 사망이요 영의 생각은 생명과 평안이니라

---

7 For sin, seizing the opportunity ✓ afforded by the commandment, deceived me, and through the commandment put me to death.

(롬7:11)

직역 왜냐하면, 죄는, 계명이 제공하는 기회를 붙잡은 후에, 나를 속였으며 계명을 통해서 나를 죽음에 넣었다

핵심구조 명사 opportunity + (that was) + 과거분사 afforded

단어 및 숙어의 확장 deceive 동사 속이다, 기만하다 / put + O + to death ~을 죽이다

해설 ① opportunity와 afforded 사이에는 주격관계대명사 that과 was가 생략돼 있다. ② ,seizing은 분사구문으로서 부사절로 바꾸면, after it seized the opportunity afforded by the commandment가 된다 ③ For는 because의 뜻이다

의역 죄가 기회를 타서 계명으로 말미암아 나를 속이고 그것으로 나를 죽였는지라

---

8 If the part of the dough ✓ offered as firstfruits is holy, then the whole batch is holy; if the root is holy, so are the branches.

(롬11:16)

직역 첫 열매로 드려진 반죽덩어리 일부가 거룩하다면, 모든 빵 한 덩어리가 거룩하다. 뿌리가 거룩하다면, 가지도 그러하다

핵심구조 명사 the part of the dough + (that is) + 과거분사 offered

단어 및 숙어의 확장 dough 명사 [dou] 굽지 않은 빵, 가루반죽, 반죽덩어리 / batch 명사 빵 한 덩어리, 한 묶음, 한 가마

해설 ① dough와 offered 사이에는 주격관계대명사 that(which) is가 생략돼 있다. ② so are the branches는 도치된 것으로서 바르게 정리하면, the branches are so가 된다. ③ so는 holy의 뜻이다.

의역 제사하는 처음 익은 곡식 가루가 거룩한즉 떡덩이도 그러하고 뿌리가 거룩한즉

가지도 그러하니라

성경해설 '처음 익은 곡식가루(firstfruits)': 신에게 제사 드릴 때에 맨 먼저 바치는 물건이다. 여기서는 하나님과 첫 언약을 맺은 아브라함을 비롯한 이스라엘의 조상들을 상징하는 표현이다(베스트성경, p. 255). / 희생물의 '처음' 또는 '첫열매'를 의미하며 공동번역에는 '떡 반죽에서 떼 낸 첫 부분'이라고 번역되었다 (빅라이프성경, p. 256).

9 But sin, seizing the opportunity ✓ afforded by the commandment, produced in me every kind of covetous desire. For apart from law, sin is dead.

(롬7:8)

직역 그러나, 죄는, 계명에 의해서 제공받은 기회를 붙잡은 후에는, 모든 종류의 탐내는 욕망을 내 안에서 만들어냈다. 왜냐하면 율법을 제외하고는 죄는 죽기 때문이다

핵심구조 명사 opportunity + (that was) + 과거분사 afforded

단어 및 숙어의 확장 seize 동사 붙잡다 / opportunity 명사 기회 / commandment 명사 계명 / afford 동사 주다, 제공하다, 산출하다 / covetous 형용사 탐내는 / covet 동사 탐내다 / apart from ~은 별 문제로 하고, ~은 제외하고

해설 ① the opportunity와 afforded 사이에 주격관계대명사 that과 was가 생략돼 있다. ② ,seizing은 분사구문으로서 부사절로 바꾸면, after it seized the opportunity afforded by the commandment가 된다. ③ For는 because의 뜻이다.

의역 그러나 죄가 기회를 타서 계명으로 말미암아 내 속에서 각양 탐심을 이루었나니 이는 법이 없으면 죄가 죽은 것임이니라

10 For when we were controlled by the sinful nature, the sinful passions ✓ aroused by the law were at work in our bodies, so that we bore fruit for death.

(롬7:5)

직역 우리가 죄성(罪性)에 의해서 통제를 받으면, 율법에 의해 야기된 죄성적 열정이 우리 몸에서 작용하고 그리하여 우리는 죽음을 위한 열매를 맺었다

핵심구조 명사 sinful passions + (that were) + 과거분사 aroused

단어 및 숙어의 확장 For=because / sinful nature: 죄성 / arouse 동사 일어나다, 야기하다 / be at work 역사하다, 작용하다 / so that 그리하여(결과적) / bear-bore-born

해설 ① passions와 aroused 사이에는 주격관계대명사 that (which) 와 were가 생략돼 있다. ② so that we bore~는 결과적인 뜻으로 해석한다. "그리하여 우리는~"

의역 우리가 육신에 있을 때에는 율법으로 말미암는 죄의 정욕이 우리 지체 중에 역사하여 우리로 사망을 위하여 열매를 맺게 하였더니

성경해설 '육신': 영적인 의미에서 사용된 용어로서 하나님과 분리되어 있는 인간의 전 실존을 가리킴(고후12:7) (골2:13)

11 Indeed, when Gentiles, who do not have the law, do by nature things ✓ required by the law, they are a law for themselves, even though they do not have the law,　　　　　　　　　　　(롬2:14)

직역 사실, 율법을 갖고 있지 않은 이방인이, 율법에 의해서 요구되는 일들을 천성적으로 할 때, 그들은 그들 자신들을 위한 율법이다, 비록 그들에게 율법이 없더라도,

핵심구조 명사 things + (that are) + 과거분사 required

단어 및 숙어의 확장 require 동사 요구하다 / gentile 명사 이방인 (숙어) by nature 천성적으로

해설 ① things와 required 사이에 주격관계대명사 that과 are가 생략돼 있다. ② ,who 는 관계대명사의 계속적 용법으로서 and they로 바꿀 수 있다.

의역 율법 없는 이방인이 본성으로 율법의 일을 행할 때는 이 사람은 율법이 없어도 자기가 자기에게 율법이 되나니

성경해설 이방인들에게는 율법도 없고 십계명도 없으며 구약도 없다. 그러나 그들은 율법에 있는 것과 같은 일들을 행해 한다는 것을 본성으로 알고~

12 God presented him as a sacrifice of atonement, through faith in his blood. He did this to demonstrate his justice, because in his forbearance he had left the sins ✓ committed beforehand

직역 하나님은 그를 속죄의 희생으로 제시하였다, 그의 피에 대한 믿음을 통하여. 그는 그의 정의를 입증하기 위해서 이것을 하였는데, 왜냐하면 그의 인내로 그는 미리 벌 받지 않은 채 저질러진 죄를 남겼기 때문이다

핵심구조 명사 the sins + (that were) + 과거분사 committed

단어 및 숙어의 확장 present 동사 선물로 주다 / him=Jesus Christ / sacrifice of atonement 화목제물 / atonement 명사 속죄 / demonstrate 동사 나타내다, 표시하다, 증명하다 / forbearance 명사 참음, 인내

해설 had left + 목적어 the sins (which 또는 that were) committed beforehand + 목적보어 unpunished =미리 지은 죄를 벌 받지 않은 채로 남겨두었다. sins와 committed 사이에 주격관계대명사 that과 were가 생략돼 있다.

의역 이 예수를 하나님이 그의 피로 인하여 믿음으로 말미암는 화목제물로 세우셨으니 이는 하나님께서 길이 참으시는 중에 전에 지은 죄를 간과하심으로 자기의 의로우심을 나타내려 하심이니

성경해설

　　칭의(justification)(의롭게 하심): 의롭지 않은 자를 의롭다고 선언하는 것. 하나님께서는 죄인을 세상에서 따로 떼어 자신에게로 받아들여 주시고 자신의 가족으로 맞아들이심으로써 더 이상 '타국인'이나 '생소한 사람'이 아니라 하나님의 아들들이 되게 하신다. 이것은 하나님께서 죄인의 죄들을 그리스도께 씌우고 죄인에게는 대신 그리스도의 의를 전가해 주심으로써 가능해진다. 죄인이 이처럼 의롭게 여김을 받는 것은 그들이 행함이 없어도 주 예수 그리스도를 믿음으로써 그 믿음이 의로 여겨지기 때문이다(롬4:5-6)

　　구속(redemption): 실제로 값을 지불하는 것. 마치 전당포에 맡겨 놓은 저당물을 돈을 치르고 도로 찾아오는 것과 같다. 죄인은 전당포에 저당 잡혀 있는 신세다. 예수 그리스도께서는 자신의 피로 값을 지불하시고 그 죄인을 되찾아오신다 (엡1:7) (골1:14)

　　**예수 그리스도의 보혈이 없이는 결코 구속이 있을 수 없다. 예수 그리스도의 보혈만이 구속을 완성한다.

13 For by the grace ✓ given me I say to every one of you: Do not think of yourself more highly than you ought, but rather think of yourself with sober judgment, in accordance with the measure of faith God has given you. (롬12:3)

> **직역** 내게 주어진 은혜로 나는 너희 각자에게 말한다. 네 자신을 네가 해야만 하는 것보다 더 높이 평가하지 말고 오히려 네 자신을 건전하게 판단해라, 하나님이 네게 주셨던 믿음의 분량에 따라서
>
> **핵심구조** 명사 grace + (that is) + 과거분사 given
>
> **단어 및 숙어의 확장** sober 형용사 건전한 / in accordance with ~에 따라서, ~와 조화를 이루어 / highly 부사 매우, 아주, 높이 평가하여, 격찬하여
>
> **해설** ① grace와 given 사이에는 주격관계대명사 that(which)과 is가 생략돼 있다. ② faith와 God 사이에는 목적격관계대명사 that(which)가 생략돼 있다. ③ For 는 because의 뜻이다. ④ with sober judgment는 전치사 + 추상명사로서 '건전하게 판단해서'의 뜻이다.
>
> **의역** 내게 주신 은혜로 말미암아 너희 중 각 사람에게 말하노니 마땅히 생각할 그 이상의 생각을 품지 말고 오직 하나님께서 각 사람에게 나눠 주신 믿음의 분량대로 지혜롭게 생각하라

14 For I tell you that Christ has become a servant of the Jews on behalf of God's truth, to confirm the promises ✓ made to the patriarchs so that the Gentiles may glorify God for his mercy, as it is written: "Therefore I will praise you among the Gentiles; I will sing hymns to your name." (롬15:8-9)

> **직역** 나는 너희에게 말한다 그리스도가 하나님의 진리를 위하여 유대인들의 종이 되었다고, 조상들에게 했던 약속을 확증하기 위하여 이방인들이 그의 자비를 구하러 하나님께 영광을 돌릴 수 있도록, 마치 이렇게 쓰여진 것처럼: "그러므로 나는 이방인들 가운데에서 너를 칭찬할 것이다. 나는 너의 이름을 위하여 찬송가를 부를 것이다"
>
> **핵심구조** 명사 promises + (that were) + 과거분사 made
>
> **단어 및 숙어의 확장** on behalf of ~을 대신으로, ~을 대표하여, ~을 위하여 /

patriarch [명사] 조상, 족장

해설 ① promises와 made 사이에 주격관계대명사 which (that) were가 생략돼 있다. ② For는 because의 뜻이다. ③ that은 종속접속사이다. ④ so that + S(the Gentiles) + may + R(glorify) ~하기 위하여

의역 내가 말하노니 그리스도께서 하나님의 진실하심을 위하여 할례의 수종자(隨從者)가 되셨으니 이는 조상들에게 주신 약속들을 견고케 하시고 이방인으로 그 긍휼(矜恤)하심을 인하여 하나님께 영광을 돌리게 하려 하심이라 기록된바 이러므로 내가 열방 중에서 주께 감사하고 주의 이름을 찬송하리로다 함과 같으니라

성경해설 '할례의 수종자': 공동번역에서는 '할례받은 사람들의 종'으로 되어 있다. 예수께서 인류를 구원하기 위해 유대인들의 저주를 받고 낮고 천한 자리에 있었음을 가리키는 말이다(마15:24)

---

15 We have different gifts, according to the grace ✓ given us. If a man's gift is prophesying, let him use it in proportion to his faith. If it is serving, let him serve; if it is teaching, let him teach; if it is encouraging, let him encourage; if it is contributing to the needs of others, let him give generously; if it is leadership, let him govern diligently; if it is showing mercy, let him do it cheerfully.

(롬12:6-8)

직역 우리는 우리에게 주어진 은사에 따라서 각각 다른 재능을 지닌다. 어떤 사람의 재능이 예언하는 것이라면, 그의 믿음에 비례하여 그것을 사용하게 해라. 그것이 봉사하는 것이라면, 그로 하여금 봉사하게 해라. 그것이 가르치는 것이라면 그로 하여금 가르치게 해라. 그것이 격려하는 일이라면, 그로 하여금 격려하게 해라. 그것이 다른 사람들의 필요에 공헌하는 일이라면, 그로 하여금 너그러운 마음으로 주게 해라. 그것이 지도력이라면, 그로 하여금 부지런히 통치하게 해라. 그것이 자비를 보여주는 일이라면, 그로 하여금 그것을 유쾌히 하게 해라

핵심구조 명사 grace + (that is) + 과거분사 given

단어 및 숙어의 확장 according to ~에 의하면, ~에 따르면 / in proportion to ~에 비례하여 / let + 목적어 (him) + R (use) (serve) (teach) (encourage) (give)

(govern) (do) / generously 부사 너그럽게, 관대하게 / contribute 동사 기여하다, 공헌하다 / encourage 동사 격려하다, 사기를 북돋다 / diligently 부사 부지런하게 / cheerfully 부사 유쾌하게, 쾌활하게 / grace 명사 은사

해설 ① grace와 given 사이에는 주격관계대명사 that(which)과 is가 생략돼 있다.
② let + 목적어 + 동사원형

의역 우리에게 주신 은혜대로 받은 은사가 각각 다르니 혹 예언이면 믿음의 분수대로, 혹 섬기는 일이면 섬기는 일로, 혹 가르치는 자면 가르치는 일로, 혹 권위(勸慰)하는 자면 권위하는 일로, 구제하는 자는 성실함으로, 다스리는 자는 부지런함으로, 긍휼을 베푸는 자는 즐거움으로 할 것이니라

성경해설 은사(grace): 성도들의 필요에 따라 하나님께서 은혜로 내려주신 특별한 성령의 은사들을 가리킨다(롬12:6-8)(고전12장)

16 Now to him who is able to establish you by my gospel and proclamation of Jesus Christ, according to the revelation of the mystery ✓ hidden for long ages past, but now ✓ revealed and ✓ made known through the prophetic writings by the command of the eternal God, so that all nations might believe and obey him—to the only wise God be glory forever through Jesus Christ ! Amen.

(롬16:25-27)

직역 이제 나의 복음과 예수 그리스도의 선포에 의해서 너를 만들 수 있는 그를 위하여, 지나간 수세기 동안 숨겨졌으나 지금은 영원한 하나님의 명령에 의해서 예언적 작품들을 통해서 드러나고 알려진 신비의 현현에 의하면, 모든 나라(열방)가 그를 믿고 순종할 수 있도록—유일하게 지혜로운 하나님은 예수 그리스도를 통하여 영원히 영광 받으시기를. 아멘

핵심구조 명사 the revelation of the mystery + (that is) hidden
(that is) revealed (that is) made

단어 및 숙어의 확장 revelation 명사 계시, 현현, 드러남 (reveal 동사 드러나다) / hide 동사 숨기다 (hide-hid-hidden) / prophetic 형용사 예언의, 예언적인 / command 명사 명령 / eternal 형용사 영원한 / writings (보통 복수형으로) 작품, 저작

해설 ① mystery와 hidden 사이, revealed과 made 앞에는 각각 주격관계대명사 that과 is가 생략돼 있다. ② so that + S(all nations) + might + R(believe and obey) ~하기 위하여 ③ (may) be glory through Jesus Christ~기원문으로서 be 앞에 may가 생략돼 있다. ④ to는 '~을 위하여'의 뜻이다.

의역 나의 복음과 예수 그리스도를 전파함은 영세 전부터 감취었다가 이제는 나타내신 바 되었으며 영원하신 하나님의 명을 좇아 선지자들의 글로 말미암아 모든 민족으로 믿어 순종케 하시려고 알게 하신바 그 비밀의 계시를 좇아 된 것이니 이 복음으로 너희를 능히 견고케 하실 지혜로우신 하나님께 예수 그리스도로 말미암아 영광이 세세 무궁토록 있을찌어다 아멘

N.B. 주격관계대명사와 be동사가 생략되지 않은 채 <u>그대로 쓰이는 경우도</u> 있다.

예문 Passengers are responsible for personal items <u>that are</u> fragile or valuable.
(깨지기 쉽거나 귀중한 개인물품에 대해서는 승객이 책임을 집니다)

1 I found that the very commandment <u>that was</u> intended to bring life actually brought death.

(롬7:10)

직역 나는 알았다 생명을 가져오도록 의도된 바로 그 계명이 사실상 죽음을 가져왔다는 것을

핵심구조 명사 commandment + that was + 과거분사 intended

단어 및 숙어의 확장 find-found-found / be intended to + R ~하려고 의도되다 / bring-brought-brought

해설 ① commandment와 intended 사이에 주격관계대명사 that과 be동사 was가 생략되지 않은 채 그대로 쓰여 있다. ② found 다음에 오는 that은 종속접속사이다.

의역 생명에 이르게 할 그 계명이 내게 대하여 도리어 사망에 이르게 하는 것이 되었도다

2 I consider that our present sufferings are not worth comparing with the glory <u>that will be revealed</u> in us. (롬8:18)

> **직역** 나는 숙고한다 우리의 현재의 고난은 우리 안에서 드러나게 될 영광과 비교할 만한 가치가 없다는 것을
>
> **핵심구조** 명사 glory + that + will be + 과거분사 revealed
>
> **단어 및 숙어의 확장** be worth~ing: ~할 만한 가치가 있다 / compare [동사] 비교하다 / reveal [동사] 드러내다 / consider [동사] 숙고하다, 고찰하다
>
> **해설** ① glory와 will 사이에 주격관계대명사 that과 be동사 is가 생략되지 않은 채 그대로 쓰여 있다. will은 미래조동사로서 be앞에 쓰였다. ② consider 다음의 that은 종속접속사이다.
>
> **의역** 생각건대 현재의 고난은 장차 우리에게 나타날 영광과 족히 비교할 수 없도다

3 For in this hope we were saved. But hope <u>that is seen</u> is no hope at all. Who hopes for what he already has? (롬8:24)

> **직역** 이러한 희망으로 우리는 구원받았다. 그러나 보여지는 희망은 전혀 희망이 아니다. 이미 가진 것에 대해서 누가 희망하겠느냐?
>
> **핵심구조** 명사 hope + that is + 과거분사 seen
>
> **단어 및 숙어의 확장** For=because / not~at all 전혀~이 아니다 / save [동사] 구원하다 (be saved 구원받다)
>
> **해설** ① hope와 seen 사이에 주격관계대명사 that과 be동사 is가 생략되지 않은 채 그대로 쓰여 있다. ② what은 관계대명사로서 the thing which로 바꿀 수 있다. ③ Who hopes for what he already has? 는 수사의문문으로서 '이미 가진 것에 대해서 희망을 지니는 자는 아무도 없다'라는 뜻이다.
>
> **의역** 우리가 소망으로 구원을 얻었으매 보이는 소망이 소망이 아니니 보는 것을 누가 바라리요

4 Moses describes in this way the righteousness <u>that is</u> by the law:

"The man who does these things will live by them." (롬10:5)

> **직역** 모세는 율법에 의한 정의를 이런 식으로 묘사한다. 즉 "이러한 일들을 행하는 사람은 그들에 의해서 살 것이다"
>
> **핵심구조** 명사 righteousness + that is
>
> **단어 및 숙어의 확장** in this way 이런 식으로 / righteousness 명사 정의 / law 명사 율법
>
> **해설** righteousness와 by 사이에 주격관계대명사 that과 be동사 is가 생략되지 않은 채 그대로 쓰여 있다.
>
> **의역** 모세가 기록하되 율법으로 말미암는 의를 행하는 사람은 그 의로 살리라 하였거니와

5 For in the gospel a righteousness from God is revealed, a righteousness <u>that is</u> by faith from first to last, just as it is written: "The righteous will live by faith." (롬1:17)

> **직역** 왜냐하면 복음에는 하나님으로부터 온 정의가 드러나기 때문인데, 그 정의는 처음부터 마지막까지 믿음에 의한 것이다, 마치 "정의로운 자들은 믿음으로 살리라"고 쓰여진 것처럼
>
> **핵심구조** 명사 righteousness + that is + 부사구 by faith
>
> **단어 및 숙어의 확장** righteousness 정의, righteous 정의로운/ reveal 드러나다, revelation 계시, 현현, Revelation 요한계시록 / For=because / ~revealed와 바로 뒤의 a righteousness는 동격 / that은 주격관계대명사 / the righteous=righteous people=정의로운 사람들 / from first to last: 시작부터 끝까지
>
> **해설** 주격관계대명사 that은 뒤에 be동사 is가 왔으므로 생략되지 않은 채 그대로 쓰여 있다.
>
> **의역** 복음에는 하나님의 의가 나타나서 믿음으로 믿음에 이르게 하나니 기록된바 오직 의인은 믿음으로 말미암아 살리라 함과 같으니라
>
> **성경해설** 구약의 하박국2:4에서 "그러나 의인은 자기 믿음으로 말미암아 살리라"

6 For everything that was written in the past was written to teach us, so that through endurance and the encouragement of the Scriptures we might have hope. (롬15:4)

> **직역** 과거에 쓰여졌던 모든 것이 우리를 가르치기 위해 쓰여졌다. 성경의 인내와 격려를 통해서 우리가 희망을 지닐 수 있도록
>
> **핵심구조** 명사 everything + that was + 과거분사 written
>
> **단어 및 숙어의 확장** endurance 명사 인내 / encouragement 명사 격려, 사기를 북돋음
>
> **해설** ① everything과 written 사이에 주격관계대명사 that과 be동사 was가 생략되지 않은 채 그대로 쓰여 있다. ② For는 because의 뜻이다. ③ so that + S(we) + might + R (have) ~하기 위하여
>
> **의역** 무엇이든지 전에 기록한 바는 우리의 교훈을 위하여 기록된 것이니 우리로 하여금 인내로 또는 성경의 안위로 소망을 가지게 함이니라
>
> **성경해설** '안위': 격려 또는 권면

7 I urge you, brothers, to watch out for those who cause divisions and put obstacles in your way that are contrary to the teaching you have learned. Keep away from them. (롬16:17)

> **직역** 형제들아, 나는 너희가 분열을 초래하는 자들과 너희가 배웠던 가르침에 반대하는 자들을 조심할 것을 주장한다. 그들을 멀리하라
>
> **핵심구조** 명사 obstacles + that + are
>
> **단어 및 숙어의 확장** watch out for ~을 경계하다, 조심하다 / division 명사 분열, 불화 / obstacle 명사 장애물 / put obstacles in one's way ~의 길을 방해하다, 훼방을 놓다 / keep away from ~을 멀리하다
>
> **해설** ① obstacles와 contrary 사이에 주격관계대명사 that과 be동사 are가 생략되지 않은 채 그대로 쓰여 있다. ② urge + O + to R: ~가~하기를 주장하다 ③ teaching과 you 사이에 목적격관계대명사 that이 생략돼 있다. ④ those와 who사이에는 people이 생략돼 있다.

> **의역** 형제들아 내가 너희를 권하노니 너희 교훈을 거스려 분쟁을 일으키고 거치게 하는 자들을 살피고 저희에게서 떠나라
>
> **성경해설** '거치게 하는 자': 다른 사람의 신앙에 장애가 되는 자

8 What then shall we say? That the Gentiles, who did not pursue righteousness, have obtained it, a righteousness <u>that is</u> by faith; but Israel, who pursued a law of righteousness, has not attained it.

(롬9:30-31)

> **직역** 그러면 우리는 무슨 말을 해야 할까? 정의를 추구하지 않았던 이방인이 그것을 얻었다, 즉 믿음에 의한 정의를 얻었다고 그러나 이스라엘은 정의의 율법을 추구했지만 그것을 얻지 않았다고 말해야하나?
>
> **핵심구조** 명사 righteousness + that is + by faith
>
> **단어 및 숙어의 확장** attain 〔동사〕 성취하다, 달성하다 / righteousness 〔명사〕 정의 / pursue 〔동사〕 추구하다
>
> **해설** ① is 앞에 있는 that은 주격관계대명사로서 be동사 is와 함께 생략되지 않은 채 그대로 쓰여 있다. ② That 이하는 say의 목적어 역할을 하는 명사절이다. 따라서 That은 종속접속사이다. ③ ,who는 계속적 용법의 관계대명사로서 접속사+대명사로 바꾸면, though she가 된다.
>
> **의역** 그런즉 우리가 무슨 말 하리요 의를 좇지 아니한 이방인들이 의를 얻었으니 곧 믿음에서 난 의요 의의 법을 좇아간 이스라엘은 법에 이르지 못하였으니
>
> **성경해설** '의의 법을 좇아간': 율법을 인본주의적인 행위로써만 준수한 / '이르지': 하나님이 요구하시는 수준에 도달하다 : 인간적인 어떠한 노력도 하나님의 의를 만족시킬 수 없음을 시사한다

9 As it is written: "I have made you a father of many nations." He is our father in the sight of God, in whom he believed—the God who gives life to the dead and calls things <u>that are</u> not as though they were.

(롬4:17)

> **직역** 마치 이렇게 쓰여진 것과 같다. "나는 너를 수많은 나라들의 조상으로 만들었
> 다." 그는 하나님의 시각으로 볼 때 우리의 조상이다, 왜냐하면 그는 하나님의
> 존재를 믿었기 때문이다—즉 죽은 자들에게 생명을 주시고 마치 그들이 존재
> 하는 것처럼 존재하지 않은 사물들을 부르시는 하나님을
>
> **핵심구조** 명사 things + that + are
>
> **단어 및 숙어의 확장** believe in ~의 존재를 믿다
>
> **해설** ① things와 not 사이에 주격관계대명사 that과 be동사 are가 생략되지 않은 채
> 그대로 쓰여 있다. ② ,in whom he believed= he believed in Him(God) 그가 하나
> 님의 존재를 믿기 때문에 ③ the dead는 dead people을 의미한다. ④ as
> though=as if 가정법과거: 마치~처럼
>
> **의역** 기록된바 내가 너를 많은 민족의 조상으로 세웠다 하심과 같으니 그의 믿은
> 바 하나님은 죽은 자를 살리시며 없는 것을 있는 것같이 부르시는 이시니라

10 But the righteousness <u>that is</u> by faith says: "Do not say in your
heart, 'Who will ascend into heaven?' (that is, to bring Christ down)
or 'Who will descend into the deep?' (that is, to bring Christ up
from the dead).

(롬10:6-7)

> **직역** 그러나 믿음에 의한 정의는 말한다. "너의 마음속에서 말하지 말라, '누가 천국
> 으로 올라갈 것인가?'라고 (즉, 그리스도를 아래로 데려가기 위하여) 혹은 '누
> 가 음부로 내려갈 것인가?'라고 (즉, 그리스도를 죽은 자들로부터 위로 올라가
> 시게 하기 위하여)
>
> **핵심구조** 명사 righteousness + that is + by faith
>
> **단어 및 숙어의 확장** ascend 동사 올라가다 / that is 즉 / descend 동사 내려가다 /
> the deep 명사 음부
>
> **해설** ① righteousness와 by 사이에 주격관계대명사 that과 be동사 is가 생략되지 않은
> 채 그대로 쓰여 있다. ② the dead는 the + 형용사로서 복수보통명사 dead people
> 이 된다.
>
> **의역** 믿음으로 말미암는 의는 이같이 말하되 네 마음에 누가 하늘에 올라가겠느냐
> 하지 말라 하니 올라가겠느냐 함은 그리스도를 모셔 내리려는 것이요 혹 누가

음부에 내려가겠느냐 하지 말라 하니 내려가겠느냐 함은 그리스도를 죽은 자
가운데서 모셔 올리려는 것이라

11 After all, if you were cut out of an olive tree that is wild by nature, and contrary to nature were grafted into a cultivated olive tree, how much more readily will these, the natural branches, be grafted into their own olive tree !　　　　　　　　　　　　　　(롬11:24)

직역 결국, 너희가 본래 야생인 올리브 나무로부터 잘려나가고 자연에 반대하여 재배된 올리브 나무로 접복된다면, 얼마나 더 쉽사리 이 천연의 가지들이 그들 자신의 올리브나무로 접목되겠느냐!

핵심구조 명사 an olive tree + that is + 형용사 wild

단어 및 숙어의 확장 after all 결국 / by nature 태어날 때부터, 본래 (honest by nature: 천성이 정직한) / contrary to ～에 반대로 / cultivated [형용사] 배양된, 양식된, 재배된 / cultivate [동사] 배양하다, 재배하다/ readily [부사] 즉시, 쉽사리, 이의 없이, 기꺼이, 쾌히 / graft

해설 ① olive tree와 wild 사이에 주격관계대명사 that과 be동사 is가 생략되지 않은 채 그대로 쓰여 있다. ② 수사의문문이다.

의역 네가 원 돌감람나무에서 찍힘을 받고 본성을 거스려 좋은 감람나무에 접붙임을 얻었은즉 원가지인 이 사람들이야 얼마나 더 자기 감람나무에 접붙이심을 얻으랴

성경해설 '돌감람나무': 돌보는 사람 없이 들에서 자라는 야생올리브나무, 곧 율법을 부여받지 못한 모든 이방인족속을 상징하는 표현이다 / '좋은 감람나무': 재배된 '올리브나무'라는 뜻이 있으나 여기서는 그리스도 자신을 가리키는 상징적 표현이다. / '접붙임': 원나무에 다른 종류의 가지를 접목하는 것으로 주로 하나로 연합되는 것을 의미하는 표현이다 (베스트성경, p. 256)

12 For I am convinced that neither death nor life, neither angels nor demons, neither the present nor the future, nor any powers, neither height nor depth, nor anything else in all creation, will be able to separate us from the love of God that is in Christ Jesus our Lord.

(롬8:38-39)

> **직역** 나는 확신한다 죽음도 삶도, 천사도 악마도, 현재도 미래도, 그 어떤 힘도, 높이도 깊이도, 모든 피조물 중에서 그 어느 것도 우리를 우리 주님 그리스도 예수 안에 있는 하나님의 사랑과 떼어놓을 수 없으리라는 것을

> **핵심구조** 명사 the love of God + that is + 전치사 in

> **단어 및 숙어의 확장** For=because / be convinced that ~을 확신하다 / neither A nor B: A도 아니고 B도 아니다 / be able to + R ~할 수 있다(=can)

> **해설** ① God과 in 사이에 주격관계대명사 that과 be동사 is가 생략되지 않은 채 그대로 쓰여 있다. ② convinced 다음에 오는 that은 종속접속사이다. ③ Christ Jesus와 our Lord는 동격이다.

> **의역** 내가 확신하노니 사망이나 생명이나 천사들이나 권세자들이나 현재 일이나 장래 일이나 능력이나 높음이나 깊음이나 다른 아무 피조물이라도 우리를 우리 주 그리스도 예수 안에 있는 하나님의 사랑에서 끊을 수 없으리라

⑧ so~that~ 관용구

중요포인트

---

so that + S + may + R (목적) ~하기 위하여

---

① may 대신에 can, will, shall을 쓸 수도 있다.
② so that 대신에 in order that을 쓸 수도 있다.
③ may의 과거 might가 쓰일 경우에는 could, would, should가 된다.
④ so 또는 that을 생략할 수도 있다.
⑤ may가 생략될 때도 있다.

예문1 Jacob did this so that he would always remember the place where God had spoken to him. (야곱은 하나님이 그에게 말씀하셨던 장소를 항상 기억하기 위하여 이 일을 했다.) [do의 과거형 did가 쓰였기 때문에 will의 과거형 would

가 되었다.]

<blockquote>
예문2   We must deny ourselves <u>so that</u> Jesus <u>can use</u> us to the fullest extent possible. (우리는 예수님이 가능하면 최대로 우리를 사용하실 수 있도록 하기 위하여 우리 자신을 부인해야만 한다.) [may 대신에 can이 쓰였다.]
</blockquote>

8-1. so that + S + may + R ~하기 위하여 (목적)

1   I long to see you <u>so that</u> I <u>may impart</u> to you some spiritual gift to make you strong—   (롬1:11)

> **직역**   나는 너희를 만나기를 갈망한다 내가 너희를 강하게 하기 위한 어떤 영적 선물을 너희에게 나눠줄 수 있도록
>
> **핵심구조**   so that + 주어 I + may + 동사원형 impart
>
> **단어 및 숙어의 확장**   long to ~하기를 갈망하다 / so that + S + may + R ~하기 위하여 / spiritual gift 신령한 은사 / impart 나누어주다, 주다(to) ~(지식, 비밀 따위를) 전하다, 알리다 (tell) impart news to a person 아무에게 소식을 전하다 / to make ~하기 위한(부정사의 형용사적용법)(spiritual gift를 수식함)
>
> **해설**   so that + 주어 I + may + 동사원형 impart ~하기 위하여
>
> **의역**   내가 너희 보기를 심히 원하는 것은 무슨 신령한 은사를 너희에게 나눠 주어 너희를 견고케 하려 함이니
>
> **성경해설**   "굳게 세운다"=정신적으로 확고히 한다. 정신적으로 흔들리지 않고 안정돼 있다

2   What shall we say, then? Shall we go on sinning <u>so that</u> grace <u>may increase?</u>   (롬6:1)

> **직역**   그러면 우리는 무엇을 말할 것이냐? 은혜가 증가하도록 계속 죄를 지을까?
>
> **핵심구조**   so that + 주어 grace + may + 동사원형 increase
>
> **단어 및 숙어의 확장**   go on ~ing: 계속해서 ~하다 / grace 명사 은혜, 은총 / increase

늘어나다, 증가하다

해설 ① so that + S + may + R ~하기 위하여 ② Shall we + R ? ~할까요?(=Let's + R)

의역 그런즉 우리가 무슨 말 하리요 은혜를 더하게 하려고 죄에 거하겠느뇨

3 Christ is the end of the law <u>so that</u> there <u>may be</u> righteousness
for everyone who believes. (롬10:4)

직역 그리스도는 율법의 목적이다 믿는 모든 자들을 위한 정의가 되도록

핵심구조 so that + 유도부사 there + may + 동사원형 be + 주어 righteousness

단어 및 숙어의 확장 end 명사 목적, 종결, 마침 / righteousness 명사 정의

해설 so that + S + may + R ~하기 위해서

의역 그리스도는 모든 믿는 자에게 의를 이루기 위하여 율법의 마침이 되시니라

성경해설 '율법의 마침(the end of the law)': 율법은 그리스도가 오실 때까지 사람들을
그에게로 인도하기 위한 몽학선생의 기능을 할 뿐이다(갈3:24) 따라서 그리스
도는 율법의 종지부를 찍는 율법의 완성자이심을 뜻한다 (마5:17)

4 For God has bound all men over to disobedience <u>so that he may</u>
<u>have</u> mercy on them all. (롬11:32)

직역 하나님은 모든 인간을 불순종으로 묶으셨다 그가 그들 모두에게 자비를 주시기
위하여

핵심구조 so that + 주어 he + may + 동사원형 have

단어 및 숙어의 확장 bind-bound-bound / disobedience 명사 불순종(↔obedience 순종)

해설 so that + S + may + R ~하기 위해서

의역 하나님이 모든 사람을 순종치 아니하는 가운데 가두어 두심은 모든 사람에게
긍휼을 베풀려 하심이로다

5 The law was added <u>so that</u> the trespass <u>might increase</u>. But where sin increased, grace increased all the more, (롬5:20)

직역 율법은 덧붙여졌다 범죄가 증가할 수 있도록. 그러나 죄가 증가하는 곳에서, 은혜는 더욱 더 증가하였다

핵심구조 so that + 주어 the trespass + might + 동사원형 increase

단어 및 숙어의 확장 so that + S + might + R ∼하기 위하여 / all the more 더욱 더

해설 so that + S + may + R ∼하기 위해서

의역 율법이 가입한 것은 범죄를 더하게 하려 함이라 그러나 죄가 더한 곳에 은혜가 더욱 넘쳤나니

성경해설 '가입한 것은': 율법의 개입을 가리킨다

---

6 For this very reason, Christ died and returned to life <u>so that he</u> <u>might be</u> the Lord of both the dead and the living. (롬14:9)

직역 바로 이 이유 때문에, 그리스도는 죽으셨고 다시 살아나셨다 그가 죽은 자들과 산 자들의 주님이 되기 위하여

핵심구조 so that + 주어 he + might + 동사원형 be

단어 및 숙어의 확장 For this very reason: 바로 이런 이유 때문에 / both A and B: A와 B 둘 다

해설 ① so that + S (he) + might + R (be) ∼하기 위하여 ② the + 형용사=복수보통명사 the dead=dead people, the living=living people

의역 이를 위하여 그리스도께서 죽었다가 다시 살으셨으니 곧 죽은 자와 산 자의 주가 되려 하심이니라

성경해설 '이를 위하여': 그리스도인들이 사나 죽으나 주의 것이 되게 하기 위해(주 예수만을 섬기게 하기 위해)

---

7 May the God of hope fill you with all joy and peace as you trust in him, <u>so that you may overflow</u> with hope by the power of the Holy Spirit. (롬15:13)

직역 너희가 그를 신뢰할 때 희망의 하나님이 모든 기쁨과 평화로 너희를 채우시기를 기원한다, 너희가 성령의 힘에 의해서 희망으로 넘쳐흐를 수 있도록

핵심구조 so that + 주어 you + may + 동사원형 overflow

단어 및 숙어의 확장 overflow 〔동사〕 흘러넘치다

해설 ① so that + S(you) + may + R(overflow) ~하기 위하여 ② as ~할 때에

의역 소망의 하나님이 모든 기쁨과 평강을 믿음 안에서 너희에게 충만케 하사 성령의 능력으로 소망이 넘치게 하시기를 원하노라

　**15장 14절에서 21절까지: 사도직에 대한 변호—바울의 과거의 사역과 현재의 상황 및 미래의 계획이 밝혀져 있다. 특히 본문에서 바울은 이방인의 사도로 자신을 들어 쓰신 하나님의 능력을 찬양하고 선교에 있어서의 한 가지 기본원리를 밝힌다(20절)

---

8 so that, just as sin reigned in death, so also grace might reign through righteousness to bring eternal life through Jesus Christ our Lord.

(롬5:21)

직역 죄가 죽음을 지배하듯이, 또한 정의를 통하여 은혜가 지배할 수 있도록 그리하여 우리 주님 예수 그리스도를 통하여 영생을 가져올 수 있도록

핵심구조 so that + 주어 grace + might + 동사원형 reign

단어 및 숙어의 확장 reign 〔동사〕 지배하다 / righteousness 〔명사〕 정의 / eternal life 〔명사〕 영생(永生)

해설 ① so that + S + might + R ~하기 위하여 ② Jesus Christ와 Lord는 동격이다. ③ as ~ so ~ ~하듯이 ~하다

의역 이는 죄가 사망 안에서 왕노릇 한 것같이 은혜도 또한 의로 말미암아 왕노릇하여 우리 주 예수 그리스도로 말미암아 영생에 이르게 하려 함이니라

---

9 Not at all! Let God be true, and every man a liar. As it is written: "So that you may be proved right when you speak and prevail when you judge."

(롬3:4)

> **직역** 전혀 그렇지 않다! 하나님으로 하여금 진실하게 하고 모든 인간을 거짓말쟁이로 만들어라. 다음과 같이 쓰인 것처럼: "너희가 말할 때 옳음을 증명하고 판단할 때 이김을 증명할 수 있도록"

> **핵심구조** so that + 주어 you + may + 동사원형 be

> **단어 및 숙어의 확장** not at all: 천만의 말씀이다 / let + O + R / so that + S + may + R ~하기 위하여 / prevail [동사] 우세하다, 이기다, 극복하다, 설득하다, 널리 보급되다, 유행하다

> **해설** ① so that + 주어 you + may + 동사원형 be ~할 수 있도록 ② every man 앞에는 Let, 뒤에는 be가 생략돼 있다. ③ Let 다음에 목적어 God 다음에 동사원형 be가 왔다.

> **의역** 그럴 수 없느니라 사람은 다 거짓되되 오직 하나님은 참되시다 할찌어다 기록된바 주께서 주의 말씀에 의롭다 함을 얻으시고 판단받으실 때에 이기려 하심이라 함과 같으니라

> **성경해설** (시51:3-4)을 살펴보자. For I know my transgressions, and my sin is always before me. Against you, you only, have I sinned and done what is evil in your sight, so that you are proved right when speak and justified when you judge. 대저 나는 내 죄과를 아노니 내 죄가 항상 내 앞에 있나이다 / 내가 주께만 범죄하여 주의 목전에 악을 행하였사오니 주께서 말씀하실 때에 의로우시다 하고 판단하실 때에 순전(純全)하시다 하리이다

10 For everything that was written in the past was written to teach us, <u>so that</u> through endurance and the encouragement of the Scriptures <u>we might have</u> hope.

(롬15:4)

> **직역** 과거에 쓰여졌던 모든 것이 우리를 가르치기 위해 쓰여졌다, 성경의 인내와 격려를 통해서 우리가 희망을 지닐 수 있도록

> **핵심구조** so that + 주어 we + might + 동사원형 have

> **단어 및 숙어의 확장** so that + S(we) + might + R (have) ~하기 위하여 / endurance [명사] 인내 / encouragement [명사] 격려, 사기를 북돋음

> **해설** ① so that + S(we) + might + R (have) ~하기 위하여 ② everything과 written 사

이에 주격관계대명사 that과 be동사 was가 생략되지 않은 채 그대로 쓰여 있다.

의역 무엇이든지 전에 기록한 바는 우리의 교훈을 위하여 기록된 것이니 우리로 하여금 인내로 또는 성경의 안위로 소망을 가지게 함이니라

성경해설 '안위': 격려 또는 권면

---

11 Now we know that whatever the law says, it says to those who are under the law, <u>so that every mouth may be</u> silenced and the whole world held accountable to God. (롬3:19)

직역 이제 우리는 안다 율법이 무엇을 말하든지, 그것은 율법 아래에 있는 사람들에게 말한다는 것을, 모든 입이 침묵을 지키고 모든 세상이 하나님께 설명하도록

핵심구조 so that + 주어 every mouth / the whole world + may + 동사원형 be silenced / (be) held

단어 및 숙어의 확장 accountable 형용사 책임 있는, 해명할 의무가 있는 / hold 동사 유지하다, 지탱하다 hold-held-held

해설 ① so that + S + may + be silenced / (be) held ② those 다음에는 people이 생략 돼 있다. ③ that은 종속접속사이다.

의역 우리가 알거니와 무릇 율법이 말하는 바는 율법 아래 있는 자들에게 말하는 것이니 이는 모든 입을 막고 온 세상으로 하나님의 심판 아래 있게 하려 함이니라

성경해설 율법아래에 있는 사람들=유대인 / 모든 입=이방인들과 유대인들, 즉 모든 사람들의 입 / 율법 아래에서 하나님 앞에 무죄한 사람이 없고 양심의 거울 앞에서 하나님께 결백한 자는 하나도 없다.

성경해설 '모든 입을 막고'=공동번역에는 '모든 사람은 말문이 막히게 되고'

---

12 I do not <u>want you to be</u> ignorant of this mystery, brothers, <u>so that you may not be</u> conceited: Israel has experienced a hardening in part until the full number of the Gentiles has come in. (롬11:25)

직역 형제들아, 나는 너희가 이 신비를 모르기를 원치 않는다, 너희가 자만해지지

않도록. 즉 이스라엘은 부분적으로 고난을 겪어왔다 이방인들의 충분한 수가 들어오기까지

핵심구조 so that + 주어 you + may not + 동사원형 be

단어 및 숙어의 확장 be ignorant of ~을 모르다, ~에 대해 무지하다 / so that + S(you) + may + R(be conceited) ~하기 위하여 / conceit 명사 자부심, 자만, 자기과대평가 / conceited 형용사 자만심이 강한, 젠 체하는, 우쭐한 / hardening 명사 단련, 담금질

해설 ① so that + 주어 + may + 동사원형: ~하기 위하여 ② want + O + to R ~가 ~하기 원하다

의역 형제들아 너희가 스스로 지혜 있다 함을 면키 위하여 이 비밀을 너희가 모르기를 내가 원치 아니하노니 이 비밀은 이방인의 충만한 수가 들어오기까지 이스라엘의 더러는 완악하게 된 것이라

성경해설 '비밀': 과거에는 감추어져서 인간의 노력으로는 도저히 알 수 없었던 하나님의 계획과 경륜을 가리킨다. 이것이 이제는 하나님의 계시로 알려지게 되었다. 이것은 그리스도의 성육신(딤전3:16). 그리스도의 죽음(고전2:2). 그리스도 안에서 모든 것을 성취함(엡1:9) 부활시의 변형(고전15:51). 유대인과 이방인에 대한 구원의 경륜(본절) 등에 적용되었다

---

13 For we know that our old self was crucified with him so that the body of sin might be done away with, that we should no longer be slaves to sin—-because anyone who has died has been freed from sin.

(롬6:6-7)

직역 우리는 안다 우리의 옛 자신이 그와 함께 십자가에 못박혔음을 죄라는 육체가 없어지도록, 우리가 더 이상 죄의 노예가 되지 않도록—왜냐하면 죽은 자는 누구라도 죄로부터 자유로워졌기 때문이다

핵심구조 so that + 주어 the body of sin + might + 동사원형 be

단어 및 숙어의 확장 crucify 동사 십자가에 못박다 (be crucified 십자가에 못박히다) / do away with=remove=get rid of=eradicate=없애다, 제거하다 / no longer 더 이상 ~하지 않다(=not ~ any longer) / free from ~로부터 자유롭다

해설 ① so that + S + may + R ～하기 위하여 ② For는 because의 뜻이다 ③ know 다음의 that은 종속접속사이다 ④ with와 ,that 사이에는 so가 생략돼 있다. so that + S + should + R ～하기 위해서

의역 우리가 알거니와 우리 옛 사람이 예수와 함께 십자가에 못 박힌 것은 죄의 몸이 멸하여 다시는 우리가 죄에게 종노릇 하지 아니하려 함이니 이는 죽은 자가 죄에서 벗어나 의롭다하심을 얻었음이니라

8-2. may 대신 can, could, would가 쓰인 경우

1 You will say then, "Branches were broken off <u>so that I could be</u> grafted in." Granted. But they were broken off because of unbelief, and you stand by faith. Do not be arrogant, but be afraid.

(롬11:19-20)

직역 그러면 너는 말할 것이다, "가지는 부러졌다 내가 접붙임을 받을 수 있도록" 옳다. 그러나 그들은 불신앙 때문에 부러졌다. 너는 믿음으로 서 있다. 오만해지지 말라, 오직 두려워하라

핵심구조 so that + 주어 I + could + 동사원형 be

단어 및 숙어의 확장 so that + S + could + R ～하기 위하여 / (It is) granted. 인정된다 (grant 인정하다, 승낙하다, 허가하다, 승인하다, 시인하다) / arrogant 형용사 오만한, 거만한

해설 so that + 주어 + could + 동사원형: ～하기 위하여

의역 그러면 네 말이 가지들이 꺾이운 것은 나로 접붙임을 받게 하려 함이라 하리니 옳도다 저희는 믿지 아니하므로 꺾이우고 너는 믿으므로 섰느니라 높은 마음을 품지 말고 도리어 두려워하라

2 It has always been my ambition to preach the gospel where Christ was not known, <u>so that I would not be</u> building on someone else's foundation.

(롬15:20)

직역 그리스도가 알려지지 않은 곳에 복음을 선포하는 것이 항상 나의 야망이었다, 내가 누군가의 토대 위에 있는 건축물이 되지 않도록

핵심구조 so that + 주어 I + would + 동사원형 be

단어 및 숙어의 확장 ambition 명사 야망, 포부 / foundation 명사 토대, 기초, 반석 / preach 동사 설교하다, 가르치다

해설 ① so that + S(I) + would + R(be) ~하기 위하여 ② It은 가주어, to preach는 진주어이다. ③ where는 장소를 나타내는 관계부사이다.

의역 또 내가 그리스도의 이름을 부르는 곳에는 복음을 전하지 않기로 힘썼노니 이는 남의 터 위에 건축하지 아니하려 함이라

8-3. so 대신에 in order가 쓰인 경우

1 Now if we are children, then we are heirs—heirs of God and co-heirs with Christ, if indeed we share in his sufferings <u>in order</u> <u>that</u> we <u>may</u> also <u>share</u> in his glory.

(롬8:17)

직역 우리가 자녀라면, 우리는 상속자다—하나님의 상속자이면서 그리스도와 함께 공동상속자이다, 진실로 우리가 그의 영광을 나눌 수 있기 위하여 그의 고통을 나눈다면

핵심구조 in order that + 주어 we + may + 동사원형 share

단어 및 숙어의 확장 heir 명사 상속자 / co-heir 명사 공동법적상속인 / share 동사 나누다, 공유하다

해설 ① in order that + S + may + R ~하기 위하여 ② —이하의 문장은 도치된 것으로서 바르게 고치면 If indeed we share in his sufferings in order that we may also share in his glory we are co-heirs with Christ.가 된다.

의역 자녀이면 또한 후사 곧 하나님의 후사요 그리스도와 함께 한 후사니 우리가 그와 함께 영광을 받기 위하여 고난도 함께 받아야 될 것이니라

2 So, my brothers, you also died to the law through the body of Christ, that you might belong to another, to him who was raised from the dead, in order that we might bear fruit to God. (롬7:4)

> 직역 그러므로, 나의 형제들이여, 너희는 또한 그리스도의 몸을 통하여 율법에게 사
> 망하였다, 너희가 다른 이에게 속하도록, 즉 죽은 자들로부터 부활하신 그에게
> 속하도록 하기 위해서, 우리가 하나님을 위해 열매를 맺을 수 있도록

> 핵심구조 in order that + 주어 we + might + 동사원형 bear

> 단어 및 숙어의 확장 belong to ~에 속하다 / raise 동사 부활하다 / the dead=dead
> people=죽은 사람들 / bear 동사 열매를 맺다

> 해설 ① in order that + S + might + R(bear) ~하기 위해서 ② that you might belong
> to another~에서 that 앞에는 so가 생략돼 있다. ③ him은 Jesus Christ이다.

> 의역 그러므로 내 형제들아 너희도 그리스도의 몸으로 말미암아 율법에 대하여 죽임
> 을 당하였으니 이는 다른 이 곧 죽은 자 가운데서 살아나신 이에게 가서 우리로
> 하나님을 위하여 열매를 맺히게 하려 함이니라

3 Yet, before the twins were born or had done anything good or bad —in order that God's purpose in election might stand: not by works but by him who calls—she was told, "The older will serve the younger." (롬9:11-12)

> 직역 그러나, 그 쌍둥이들이 태어나거나 좋거나 나쁜 일을 하기 전에—택하시는 일
> 에 대한 하나님의 목적이 설 수 있도록, 행위로써가 아니라 부르는 그에 의해서
> —"더 나이든 사람들이 더 젊은 사람들을 섬길 것"이라고 그녀는 들었다

> 핵심구조 in order that + 주어 God's purpose + might + 동사원형 stand

> 단어 및 숙어의 확장 yet=however / in order that + S + may ~하기 위하여 / stand
> 동사 유효하다, 지탱하다 / works 행위

> 해설 ① in order that + S + might + R ~하기 위하여 ② the + 형용사=복수보통명사이
> 다. the older=older people 더 나이 든 사람들/ the younger=younger people 더
> 젊은 사람들 ③ she는 이삭의 아내 '리브가'를 의미한다.

> **의역** 그 자식들이 아직 나지도 아니하고 무슨 선이나 악을 행하지 아니한 때에 택하심을 따라 되는 하나님의 뜻이 행위로 말미암지 않고 오직 부르시는 이에게로 말미암아 서게 하려 하사 리브가에게 이르시되 큰 자가 어린 자를 섬기리라 하셨나니
>
> **성경해설** "택하심을 따라 되는 하나님의 뜻": 선택의 기준이 되는 하나님의 주권적인 뜻. 구원에 관한 하나님의 선택은 인간이 태어나기도 전에 이미 예정되므로, 출생 후의 지위, 재산, 행위 등의 영향을 받지 않는다

4 Did that which is good, then, become death to me? By no means! But in order that sin might be recognized as sin, it produced death in me through what was good, so that through the commandment sin might become utterly sinful.

(롬7:13)

> **직역** 그러면, 선한 것이 내게 죽음이 되었는가? 결코 그렇지 않다! 그러나 죄가 죄로서 인식되도록 하기 위해서, 그것은 선한 것을 통해서 내게 죽음을 생산하였다, 계명을 통해서 죄가 완전히 죄성이 되도록
>
> **핵심구조** in order that + 주어 sin + might + 동사원형 be
>
> **단어 및 숙어의 확장** by no means=never=결코~하지 않다/ utterly 부사 완전히, 몹시
>
> **해설** ① in order that + S + may + R ~하기 위하여 ② so that + S + may + R ~하기 위하여 ③ that은 주어이면서 which의 선행사이다 ④ what은 관계대명사이다.
>
> **의역** 그런즉 선한 것이 내게 사망이 되었느뇨 그럴 수 없느니라 오직 죄가 죄로 드러나기 위하여 선한 그것으로 말미암아 나를 죽게 만들었으니 이는 계명으로 말미암아 죄로 심히 죄 되게 하려함이니라

8-4. may나 that이 생략된 경우

1 Therefore do not let sin reign in your mortal body so that you ✓ obey its evil desires.

(롬6:12)

직역 그러므로 너희의 죽을 운명의 몸에서 죄가 지배하지 않게 해라 너희가 그것의 악한 욕망에 복종하지 않도록

핵심구조 so that + 주어 you + (may) + 동사원형 obey

단어 및 숙어의 확장 mortal **형용사** 죽을 운명의 / reign **동사** 지배하다, 군림하다 / obey **동사** 복종(순종)하다

해설 ① you 다음에 may가 생략돼 있다. ② let + 목적어 sin + R (reign) ③ NIV 원본에는 obey 앞에 not이 누락돼 있다.
📂 NLT version으로 살펴보자.

Do not let sin control the way you live; do not give in to sinful desires. (너희가 살아가는 방법을 죄가 다스리지 못하게 하라; 죄의 욕망에 굴복하지 마라)

의역 그러므로 너희는 죄로 너희 죽을 몸에 왕노릇 하지 못하게 하여 몸의 사욕을 순종치 말고

---

2 But now, by dying to what once bound us, we have been released from the law <u>so that</u> we ✓ <u>serve</u> in the new way of the Spirit, and not in the old way of the written code.　　　　(롬7:6)

직역 그러나 이제, 한때 우리를 묶었던 것에 대하여 죽음으로써, 우리는 율법으로부터 해방되었다 우리가 성령이라는 새로운 방식으로 섬기기 위하여, 성문법의 낡은 방식으로가 아니라

핵심구조 so that + 주어 we + (might) + 동사 serve

단어 및 숙어의 확장 bind-bound-bound 묶다 / release **동사** 풀리다, 해방되다 / so that + S + (may) + R(serve) ～하기 위하여

해설 ① we 다음에 might가 생략돼 있다. ② what은 관계대명사로서 the thing which로 바꿀 수 있다. 이 문장에서 what은 주어가 되기도 한다.

의역 이제는 우리가 얽매였던 것에 대하여 죽었으므로 율법에서 벗어났으니 이러므로 우리가 영의 새로운 것으로 섬길 것이요 의문(儀文)의 묵은 것으로 아니할 찌니라

성경해설 '의문의 묵은 것': '낡은 법조문' 여기서 '의문'은 율법을 가리킨다

3 And David says: "May their table become a snare and a trap, a stumbling block and a retributing for them. May their eyes be darkened <u>so</u> ✓ they <u>cannot see</u>, and their backs be bent forever."

(롬11:9-10)

> **직역** 다윗이 말한다 "그들의 식탁이 그들을 위한 함정과 덫, 넘어지는 장애물과 보복이 되기를. 그들이 볼 수 없도록 그들의 눈이 어두워지기를, 그들의 등이 영원히 굽어지기를"
>
> **핵심구조** so (that) + 주어 they + cannot + 동사원형 see
>
> **단어 및 숙어의 확장** snare 명사 덫(trap), 함정 / stumble 동사 넘어지다, 자빠지다 / retribute 동사 보복하다, 보응하다 (retribution 보응) / block 명사 장애물 / be darkened 어두워지다 / so (that) they cannot + R(see) ~할 수 없도록 / bend 동사 구부러지다 (bend-bent-bent)
>
> **해설** ① so 다음에 that이 생략돼 있다. may 대신에 can이 쓰였다. ② 따옴표 안의 문장은 기원문이다. ③ stumbling은 명사 block을 앞에서 꾸며주는 제한적 용법의 현재분사이다.
>
> **의역** 또 다윗이 가로되 저희 밥상이 올무와 덫과 거치는 것과 보응이 되게 하옵시고 저희 눈은 흐려 보지 못하고 저희 등은 항상 굽게 하옵소서 하였느니라
>
> **성경해설** '보응': '다시 지불하다'는 뜻으로 불신자가 당하는 심판이 그들의 죄에 합당한 댓가라는 사실을 나타내는 표현임

8-5. so가 생략된 경우

1 "Who has known the mind of the Lord? Or who has been his counselor?" "Who has ever given to God, ✓ <u>that God should repay him?</u>"

(롬11:34-35)

> **직역** "누가 주님의 마음을 알았느냐? 혹은 누가 그의 상담자였느냐?" "누가 먼저 하나님께 주었느냐, 하나님이 그에게 보상하기 위해서?"

핵심구조 (so) + that + 주어 God + should + 동사원형 repay

단어 및 숙어의 확장 counselor 명사 상담자 / repay 동사 갚다

해설 ① that 앞에 so가 생략돼 있다. ② may 대신에 should가 쓰였다.

의역 누가 주의 마음을 알았느뇨 누가 그의 모사가 되었느뇨 누가 주께 먼저 드려서 갚으심을 받겠느뇨

성경해설 욥41:11의 인용이다. 하나님께 무엇을 바쳐서 그 대가로 축복을 받겠다고 생각하는 것 자체가 어리석음을 역설하는 구절이다

2 For those God foreknew he also predestined to be conformed to the likeness of his Son, ✓ that he might be the firstborn among many brothers.

(롬8:29)

직역 하나님이 미리 아셨던 사람들을 위하여 그는 또한 그의 아들과 유사한 것에 순응하게 되는 운명을 지었다, 그가 수많은 형제들 가운데서 첫째가 될 수 있도록

핵심구조 (so) + that + 주어 he + might + 동사원형 be

단어 및 숙어의 확장 foreknow 동사 미리 알다 / predestine 동사 운명짓다 / conform 동사 적합시키다, 순응시키다)(to), 같은 모양(성질)이 되게 하다 / firstborn 형용사 최초로 태어난, 초태생의 명사 장남 / (so) that + 주어(he) + might + R(be)

해설 ① ,와 that 사이에는 so가 생략돼 있다. ② those와 God 사이에 목적격관계대명사 that이 생략돼 있다.

의역 하나님이 미리 아신 자들로 또한 그 아들의 형상을 본받게 하기 위하여 미리 정하셨으니 이는 그로 많은 형제 중에서 맏아들이 되게 하려 하심이니라

성경해설 '맏아들': 먼저 태어난 자의 뜻으로 죽은 자들 가운데서 먼저 부활한 자라는 의미이다 (골1:15, 18)

3 For the Scripture says to Pharaoh: "I raised you up for this very purpose, ✓ that I might display my power in you and ✓ that my

name might be proclaimed in all the earth." (롬9:17)

직역 왜냐하면 성경이 파라오에게 말하기 때문이다. "나는 바로 이 목적을 위해서 너를 부활시켰다, 내가 네 안에 나의 능력을 전시할 수 있도록 그리고 나의 이름이 모든 땅에 선포될 수 있도록 하기 위하여"

핵심구조 (so) + that + 주어 I + might + 동사원형 display
(so) + that + 주어 my name + might + 동사원형 be

단어 및 숙어의 확장 For=because / (so) that + 주어(I) + might + R(display) ～하기 위하여 / and (so) that + 주어(my name) + might + R(be) ～하기 위하여 / proclaim 〔동사〕 선포하다

해설 that 앞에 각각 so가 생략돼 있다.

의역 성경이 바로에게 이르시되 내가 이 일을 위하여 너를 세웠으니 곧 너로 말미암아 내 능력을 보이고 내 이름이 온 땅에 전파되게 하려 함이로라 하셨으니

8-6. so that + S + V 그리하여 ～하다 (결과)

1 For when we were controlled by the sinful nature, the sinful passions aroused by the law were at work in our bodies, <u>so that</u> we <u>bore</u> fruit for death. (롬7:5)

직역 왜냐하면 우리가 죄성에 의해서 통제를 받으면, 율법에 의해 야기된 죄성적 열정이 우리 몸에서 작용하였기 때문이다, 그리하여 우리는 죽음을 위한 열매를 맺었다

핵심구조 so that + 주어 we + 동사 bore

단어 및 숙어의 확장 For=because / sinful nature: 죄성 / arouse 〔동사〕 일어나다, 야기하다 / be at work 역사하다, 작용하다 / so that 그리하여(결과적) / bear-bore-born

해설 ① so that we bore～는 결과적인 뜻으로 해석한다. "그리하여 우리는～"
② passions와 aroused 사이에는 주격관계대명사 that (which) 와 were가 생략돼 있다.

의역 우리가 육신에 있을 때에는 율법으로 말미암는 죄의 정욕이 우리 지체 중에

역사하여 우리로 사망을 위하여 열매를 맺게 하였더니

성경해설 '육신': 영적인 의미에서 사용된 용어로서 하나님과 분리되어 있는 인간의
전 실존을 가리킴(고후12:7) (골2:13)

---

2 For since the creation of the world God's invisible qualities—his eternal power and divine nature—have been clearly seen, being understood from what has been made, <u>so that men are</u> without excuse.

(롬1:20)

직역 세상을 창조한 이래로부터 하나님의 보이지 않는 특징들, 즉 그의 영원한 능력
과 신성이 분명하게 보여져왔고, 만들어진 것들로부터 이해되면서, 그리하여
인간은 변명 없이 존재한다 (=세상이 창조된 이후부터 하나님의 보이지 않는
특징들, 즉 그의 영원한 능력과 신성을 우리는 보았고 이해하였으므로 인간은
변명하지 못한다)

핵심구조 so that + 주어 men + 동사 are

단어 및 숙어의 확장 For=because / since ～한 이래로 / invisible 보이지 않는↔visible
보이는 / qualities 특성

해설 ① so that 그래서 ② being understood는 분사구문의 동시동작으로서 and have
been understood로 바꿀 수 있다. ③ what은 관계대명사 what has been made
만들어졌던 것, 즉 하나님이 만드셨던 것 ④ without excuse 변명 없이, 핑계
없이

의역 창세로부터 그의 보이지 아니하는 것들 곧 그의 영원하신 능력과 신성이 그
만드신 만물에 분명히 보여 알게 되나니 그러므로 저희가 핑계치 못할찌니라

9 it ~that~ 강조구문이 쓰인 문장

강조하는 부분을 it과 that 사이에 둔다. 강조된 부분이 사람일 경우 that 대신 who를 쓸 수 있다. that이 생략될 수도 있고 that 다음의 주어가 생략될 때도 있다.

> **It + 강조할 부분 + that + (S) + V**

예문1 It is through Jesus that we may live.
(우리가 살 수 있는 것은 예수님을 통해서이다.)
[through Jesus를 강조함.]

예문2 It was at Hanyoung Theological University that I met them.
(내가 그들을 만난 곳은 한영신학대학교에서였다.)
[at Hanyoung Theological University를 강조함.]

예문3 It was yesterday that he met her.
(그가 그녀를 만난 것은 어제였다.)
[yesterday를 강조함.]

예문4 It is the Lord Jesus Christ (that) you are serving. (Col.3:23-24)
(너희가 섬기는 자는 바로 주님 예수 그리스도이다.)
[the Lord Jesus Christ를 강조함.]

예문5 Of all the women in Israel's history, it is Mary that has been chosen by God to bear this Child. (이스라엘 역사상 모든 여인 중에서, 이 아이를 낳을 수 있도록 하나님께로부터 선택받았던 사람은 바로 마리아다.) [Mary를 강조함.]

---

1 Now if I do what I do not want to do, it is no longer I who do it, but it is sin living in men that does it. (롬7:20)

직역 내가 하기를 원하지 않는 일을 한다면, 그것을 하는 자는 더 이상 내가 아니라, 그것을 하는 것은 인간의 안에 살고 있는 죄이다

핵심구조 it is + 강조부분 I + who + 동사 do
it is + 강조부분 sin + that + 동사 does

단어 및 숙어의 확장 no longer 더 이상~하지 않다

해설 ① it is~does it.은 강조구문으로서 I와 sin living in men이 강조돼 있다. ② who 도 that으로 바꿔 쓸 수 있다. 따라서 it is no longer I who do it도 강조구문이다. ③ what은 관계대명사로서 the thing which로 바꿀 수 있다. ④ living은 제한적 용법의 현재분사로서 sin을 꾸며준다.

의역 만일 내가 원치 아니하는 그것을 하면 이를 행하는 자가 내가 아니요 내 속에 거하는 죄니라

---

2 For it is with your heart that you believe and are justified, and it is with your mouth that you confess and are saved.　(롬10:10)

직역 왜냐하면 네가 믿고 용서받는 것은 너의 마음으로이다. 그리고 네가 고백하고 구원받는 것은 너의 입으로이다

핵심구조 it is+강조부분 with your heart+that+주어 you+동사 believe and are justified
it is+강조부분 with your mouth+that+주어 you+동사 confess and are saved

단어 및 숙어의 확장 justify [동사] (신학) (신이)~을 죄가 없다고 하다, ~을 용서하다, 무죄로 하다 / confess [동사] 고백하다

해설 ① it~.that 강조구문으로서 with your heart와 with your mouth가 강조되었다. ② For는 Because의 뜻이다.

의역 사람이 마음으로 믿어 의에 이르고 입으로 시인하여 구원에 이르느니라

성경해설 '시인하여': 마음으로 인정할 뿐만 아니라 입으로 고백하는 것을 의미한다 (행23:8) (딛1:16)

---

3 For it is not those who hear the law who are righteous in God's sight, but it is those who obey the law who will be declared righteous.　(롬2:13)

직역 하나님의 시각에서 정의로운 자들은 율법을 들은 사람들이 아니라 정의롭다고 선언될 자들은 율법에 순종하는 사람들이다

핵심구조 it is+강조부분 not those who hear the law+who+동사 are

it is + 강조부분 those who obey the law + who + 동사 will be declared

단어 및 숙어의 확장 not A but B: A가 아니라 B이다 / declare 〈동사〉 선언하다 / righteous 〈형용사〉 정의로운 / obey 〈동사〉 복종하다, 순종하다 (obedience 복종, 순종)

해설 ① it ~ that 강조구문으로서 not those who hear the law와 those who obey the law가 강조되었다. ② those 다음에 people이 생략돼 있다.

의역 하나님 앞에서는 율법을 듣는 자가 의인이 아니요 오직 율법을 행하는 자라야 의롭다하심을 얻으리니

---

4 In other words, <u>it</u> is not the natural children <u>who</u> are God's children, but <u>it</u> is the children of the promise <u>who</u> are regarded as Abraham's offspring. (롬9:8)

직역 즉, 하나님의 자녀들은 육신의 자녀들이 아니라 아브라함의 후손으로 간주되는 약속의 자녀들이다

핵심구조 It is + 강조부분 not the natural children + 주어 who + 동사 are
It is + 강조부분 but the children of the promise + 주어 who + 동사 are

단어 및 숙어의 확장 in other words 다시 말하면, 곧 / not A but B: A가 아니라 B이다 / regard A as B: A를 B로 여기다 / natural children 육신의 자녀 / the children of the promise 약속의 자녀

해설 it ~ .who(that) 강조구문이다. 이 문장에서는 that 대신에 who가 쓰여 있다.

의역 곧 육신의 자녀가 하나님의 자녀가 아니라 오직 약속의 자녀가 씨로 여기심을 받느니라

---

5 <u>It</u> was not through law <u>that</u> Abraham and his offspring received the promise that he would be heir of the world, but through the righteousness that comes by faith. (롬4:13)

직역 아브라함과 그의 후손이 그가 세상의 상속자가 될 것이라는 약속을 받은 것은 율법을 통해서가 아니라 믿음으로 온 정의를 통해서였다

핵심구조 It is + 강조부분 not through law + that + 주어 Abraham and his offspring + 동사 received

단어 및 숙어의 확장 not through A but through B: A를 통해서가 아니라 B를 통해서이다 / heir **명사** 상속자 (h는 묵음)

해설 ① It is not through law~.는 강조구문으로서 not through law와 the righteousness that comes by faith가 강조돼 있다. ② promise 다음의 that은 앞에는 명사, 뒤에는 주어+동사가 왔으므로 목적격관계대명사이다. ③ righteousness 다음의 that은 주격관계대명사이다.

의역 아브라함이나 그 후손에게 세상의 후사(後嗣)가 되리라고 하신 언약은 율법으로 말미암은 것이 아니요 오직 믿음의 의로 말미암은 것이니라

성경해설 '후사'=상속자

6 It is not as though God's word had failed. For not all who are descended from Israel are Israel. Nor because they are his descendants are they all Abraham's children. On the contrary, "It is through Isaac that your offspring will be reckoned." (롬9:6-7)

직역 그것은 하나님의 말씀이 실패했던 것과 같지 않다. 왜냐하면 이스라엘의 후손들 모두가 다 이스라엘이 아니기 때문이다. 또한 그들이 그의 후손들이라고 해서 그들 모두가 아브라함의 자손들이 아니다. 반면, "너희의 후손들이라고 간주될 것은 이삭을 통해서이다"

핵심구조 It is + 강조부분 through Isaac + that + 주어 your offspring + 동사 will be reckoned

단어 및 숙어의 확장 as though=as if=마치 ~처럼 / For=because / descend **동사** 내려가다, ~의 자손이다 / not all 부분부정 (전부가 다~한 것은 아니다) / on the contrary 이와 반대로 / It~that~ 강조구문 / offspring **명사** 후손, 자손, 소산 / reckon **동사** ~라고 간주하다

해설 ① It~that 강조구문으로서 through Isaac이 강조되었다. ② Because they are his descendants, they are all Abraham's children. 이 문장 전체에 Nor가 있다. (그들이 아브라함의 후손이라고 해서 전부 다 아브라함의 자녀는 아니다. 결국 Not all~부분부정의 문장임) ③ as though + 가정법과거완료의 주절의 형태

(had+pp)는 '마치~이었던 것처럼'으로 번역한다.

의역 또한 하나님의 말씀이 폐하여진 것 같지 않도다 이스라엘에게서 난 그들이 다 이스라엘이 아니요 또한 아브라함의 씨가 다 그 자녀가 아니라 오직 이삭으로부터 난 자라야 네 씨라 칭하리라 하셨으니

성경해설 '폐하여진'(had failed): 이스라엘을 구원하시겠다고 하는 하나님의 약속이 저들이 그리스도를 배척함으로 말미암아 완전히 실패로 돌아간 것은 아니다라는 뜻이다. '그 자녀가 아니라': 아브라함의 아들들 중 이삭은 참된 아브라함의 자녀였고, 이스마엘은 참된 아브라함의 자손이 아니었다는 뜻.

⑩ 동격의 that절

that 바로 앞에 있는 명사를 구체적으로 설명해주는 내용이 that 다음에 나온다. 이 때 이 명사와 that 이하의 절은 동격이 되며 이때 that 이하의 절을 동격의 that절이라고 한다. 대표적인 관용표현으로는

① the fact that + S + V ―라는 사실
② the truth that + S + V ―라는 진실
③ the news that + S + V ―라는 소식
④ the rumor that + S + V ―라는 소문
⑤ the hope that + S + V ―라는 희망 등이 있다.

예문1 The fact that he swims very fast is famous.
(그가 매우 빨리 수영한다는 사실은 유명하다.)
(the fact=he swims very fast)

예문2 There is the hope that he will pass the test.
(그가 시험에 합격할 희망이 있다.)
(the hope=he will pass the test)

예문3 The title 'Christian' is your identification that you carry with you wherever you go. ('기독교인'이라는 타이틀은 네가 어디가든지 너와 함께 가져가는 너의 증명서이다.)

예문4 I heard the news that the man is a Canadian.
(나는 그 남자가 캐나다인이라는 소식을 들었다.)

예문5 We heard the rumor that they got divorced.
(우리는 그들이 이혼했다는 소문을 들었다.)

예문6 동격절이 동격의 명사와 떨어진 경우도 있다.
Word came to me that she was magnificent on the stage.
(그녀가 무대에서 멋있었다는 말이 내게 들렸다.)

---

1 What shall we conclude then? Are we any better? Not at all! We have already made the charge that Jew and Gentiles alike are all under sin.　　　　　　　　　　　　　　　　　　　　　　　(롬3:9)

직역 그러면 우리는 무엇을 결론지을 것인가? 우리는 더 나아졌는가? 전혀 그렇지 않다! 우리는 이미 유대인과 이방인이 똑같이 모두 죄 아래에 있다는 부담을 지녔다

핵심구조 the charge + that + 주어 Jew and Gentiles + 동사 are

단어 및 숙어의 확장 charge 명사 책임, 명령, 지시, 비난, 청구금액, 부과금, 부담, 요금, 위탁

해설 the charge와 that 이하의 절은 동격이다.

의역 그러면 어떠하뇨 우리는 나으뇨 결코 아니라 유대인이나 헬라인이나 다 죄 아래 있다고 우리가 이미 선언하였느니라

---

2 Without weakening in his faith, he faced the fact that his body was as good as dead—since he was about a hundred years old—and that Sarah's womb was also dead.　　　　　　　　　　　　　(롬4:19)

직역 그의 믿음이 약해짐이 없이, 그는 그의 몸이 마치 죽은 것과 다름없고 사라의 자궁도 죽었다는 사실에 직면하였다—왜냐하면 그가 약 100세였기 때문이었다—

핵심구조 the fact=that his body was as good as dead

=that Sarah's womb was also dead

단어 및 숙어의 확장 face 동사 직면하다 / as good as ~와 마찬가지이다 / since= because

해설 the fact와 that 이하, 즉 that his body was as good as dead와 that Sarah's womb was also dead는 동격이다.

의역 그가 백 세가나 되어 자기 몸의 죽은 것 같음과 사라의 태의 죽은 것 같음을 알고도 믿음이 약하여지지 아니하고

성경해설 죽은 것 같은: 무기력하다, 또는 다 낡아빠지다라는 뜻으로 여기서는 더 이 상 아이를 가질 수 없을 정도로 늙은 상태를 가리킨다 (『만나성경』, p. 244.)

---

3 Although they know God's righteous <u>decree that</u> those who do such things deserve death, they not only continue to do these very things but also approve of those who practice them. (롬1:32)

직역 비록 그들이 그런 일을 한 자들이 죽을만한 자격이 있다는 하나님의 정의로운 법령을 안다할지라도, 그들은 바로 이러한 것들을 계속 행할 뿐만 아니라 그것 들을 연습하는 사람들도 인정한다

핵심구조 decree = that those who do such things deserve death

단어 및 숙어의 확장 decree 명사 법령, 포고, 명령, 판결, 선고 동사 포고(판결)하다, (운명 등이) 정하다 / deserve 동사 ~할만하다 /not only A but also B: A뿐만 아니라 B도 역시 / approve 동사 (~of) 승인하다, 찬성하다

해설 decree와 that 이하의 절, 즉 those who do such things deserve death는 동격이다.

의역 저희가 이 같은 일을 행하는 자는 사형에 해당하다고 하나님의 정하심을 알고 도 자기들만 행할 뿐 아니라 또한 그 일을 행하는 자를 옳다 하느니라

---

4 I am talking to you Gentiles. Inasmuch as I am the apostle to the Gentiles, I make much of my ministry in the <u>hope that</u> I may somehow arouse my own people to envy and save some of them. (롬11:13-14)

핵심구조 hope=that I may somehow arouse my own people to envy and save some of them

단어 및 숙어의 확장 Inasmuch as ～하는 만큼 / make much of～을 중요시하다 / ministry 명사 사도직 / in the hope that ～라는 희망으로 / arouse 동사 깨우다, 자극시키다

해설 hope와 that I may somehow arouse my own people to envy and save some of them은 동격이다.

의역 내가 이방인인 너희에게 말하노라 내가 이방인의 사도인만큼 내 직분을 영광스럽게 여기노니 이는 곧 내 골육을 아무쪼록 시기케하여 저희 중에서 얼마를 구원하려 함이라

성경해설 '골육(my own people)': '뼈와 살'이라는 뜻으로 부자, 형제 사이를 가리키는 말이다. 여기서는 친족의 범위를 초월하여 '동족'의 뜻으로 쓰였다.

02

분사의 정체를 파악하자

동사의 원형(R)에 ~ing를 덧붙인 것을 현재분사라고 한다.

1) 제한적 용법(또는 한정적)의 현재분사: 현재분사(~ing)는 명사의 앞뒤에 와서 그 명사를 꾸며주는 역할을 한다.

예1 a <u>sleeping</u> baby (잠자는 아기) (sleeping은 baby를 앞에서 꾸민다.)

예2 a <u>running</u> boy (달리는 소년) (running은 boy를 앞에서 꾸민다.)

예3 He pointed the beautiful flowers <u>growing</u> nearby.
(그는 근처에서 자라고 있는 아름다운 꽃들을 가리켰다.)
(growing은 flowers를 뒤에서 꾸민다.)

예4 Essential protection throughout the night helps minimize <u>existing</u> wrinkles and prevent the formation of new wrinkles.
(자기 전에 Essential protection을 사용하면 얼굴에 원래 있던 주름을 줄이고 새로운 주름이 생기는 것을 막아주는 데에 도움을 준다.)
(existing은 현재분사의 제한적 용법으로서 wrinkles를 앞에서 꾸민다.)

2) 서술적 용법의 현재분사: 현재분사~ing는 주어나 목적어를 설명해주는 역할을 한다.

예문1 The movie looks exciting. (그 영화는 흥미롭게 보인다.)
(the movie가 exciting한다. exciting은 주격보어로서 주어 the movie를 설명해 준다.)

예문2 I saw my dad cooking in the kitchen.
(나는 아빠가 부엌에서 요리하는 것을 보았다.)
(dad가 cooking을 한다. cooking은 목적보어로서 목적어 dad를 설명해 준다.)

예문3 I saw God breaking down cultural barriers.
(나는 하나님께서 문화적 장벽을 무너뜨리는 것을 보았다.)
(God이 breaking down한다. breaking은 목적보어로서 목적어 God을 설명해 준다.)

예문4 We saw Sena playing the piano.
(우리는 세나가 피아노 치는 것을 보았다.)
(세나가 playing한다. playing은 목적보어로서 Sena를 설명해 준다.)

예문5 They found roaches and other bugs living in the food.
(그들은 바퀴벌레와 다른 벌레들이 음식 속에서 사는 것을 발견했다.)
(roaches and other bugs가 living한다. living은 목적보어로서 roaches and other bugs를 설명해 준다.)

1 현재분사(~ing)가 사용된 문장

1-1. 현재분사의 제한적 용법

1 As it is, it is no longer I myself who do it, but it is sin living in me.
(롬7:17)

직역 실상은, 그것을 하는 자는 내 자신이 더 이상 아니라, 내 안에 살고 있는 죄이다

핵심구조 명사 sin + 현재분사 living

단어 및 숙어의 확장 no longer 더 이상~하지 않다(=not~any longer)

해설 ① living은 sin을 꾸미는 제한적 용법의 현재분사이다. ② as it is~(보통 가정적 표현 뒤에 온다. 또는 문장의 첫머리에 온다) (그러나) 실상(실정)은(그렇지 않으므로), 실제로는 I would pay him if I could. But as it is I cannot. 치룰 수 있다면 그에게 돈을 지불할텐데~그러나 실정은 치룰 수 없다. ③ it is no longer I myself who do it은 it-that 강조구문으로서 no longer I myself가 강조돼 있다.

의역 이제는 이것을 행하는 자가 내가 아니요 내 속에 거하는 죄니라

---

2 Why not? Because they pursued it not by faith but as if it were by works. They stumbled over the "stumbling stone." (롬9:32)

직역 왜 안 되는가? 그들이 그것을 믿음에 의해서가 아니라 마치 그것이 일에 의해서기라도 하는 것처럼 추구했기 때문이다. 그들은 "넘어지는 돌" 위로 넘어졌다

핵심구조 현재분사 stumbling + 명사 stone

단어 및 숙어의 확장 not A but B: A가 아니라 B이다 / as if + were (가정법과거) / pursue 〔동사〕 추구하다 / stumble 〔동사〕 넘어지다, 자빠지다

해설 ① stumbling은 명사 stone을 꾸며주는 제한적 용법의 현재분사이다. ② as if + S + were는 가정법 과거이다.

의역 어찌 그러하뇨 이는 저희가 믿음에 의지하지 않고 행위에 의지함이라 부딪힐 돌에 부딪혔느니라

---

3 On the contrary: "If your enemy is hungry, feed him; if he is thirsty, give him something to drink. In doing this, you will heap burning coals on his head." (롬12:20)

직역 이와 반대로 "너의 적이 배고프다면, 그를 먹여라. 그가 목마르다면, 그에게 마실 것을 주어라. 이렇게 하는 데 있어서 너는 그의 머리 위에 타오르는 석탄을 쌓게 될 것이다"

핵심구조 현재분사 burning + 명사 coals

단어 및 숙어의 확장 on the contrary 한편, 이와 반대로 / feed 〔동사〕 먹이다 / thirsty

[형용사] 목마른 / heap [동사] 쌓다

해설 burning은 coals를 꾸며주는 제한적 용법의 현재분사이다.

의역 네 원수가 주리거든 먹이고 목마르거든 마시우라 그리함으로 네가 숯불을 그 머리에 쌓아놓으리라

성경해설 '숯불을 그 머리에 쌓아': 당시 근동지방에서는 고통을 묘사하는 관용적인 표현임 / 원수에게 계속 선을 베풀어 그로 하여금 스스로 뉘우치게 하라는 뜻이다. 악인은 선인의 선행으로 인해 심적으로 회개를 촉구하는 큰 가책을 받게 되며, 회개가 이루어지지 않은 때는 하나님의 임박한 형벌을 모면할 수 없게 된다(잠25:21-22)

4 I speak the truth in Christ—I am not lying, my conscience confirms it in the Holy Spirit—I have great sorrow and <u>unceasing</u> anguish in my heart.

(롬9:1-2)

직역 나는 그리스도 안에서 진리를 말한다—나는 거짓말하지 않는다, 나의 양심은 성령 안에서 그것을 확고하게 한다—나는 내 마음 속에 커다란 슬픔과 그치지 않는 고통을 지니고 있다

핵심구조 현재분사 unceasing + 명사 anguish

단어 및 숙어의 확장 lie [동사] 거짓말하다 / confirm [동사] 확증하다, 증명하다 / conscience [명사] 양심 / sorrow [명사] 슬픔 (sad [형용사] 슬픈) / unceasing [형용사] 그치지 않는 (cease [동사] 그치다, 멈추다) / anguish [명사] 고통, 번민

해설 unceasing은 anguish를 꾸미는 제한적 용법의 현재분사이다.

의역 내가 그리스도 안에서 참말을 하고 거짓말을 아니하노라 내게 큰 근심이 있는 것과 마음에 그치지 않는 고통이 있는 것을 내 양심이 성령 안에서 나로 더불어 증거하노니

5 Let no debt remain outstanding, except the <u>continuing</u> debt to love one another, for he who loves his fellowman has fulfilled the law.

(롬13:8)

직역 서로 사랑하기 위해서 지속되는 빚을 제외하고는 그 어떠한 빚도 눈에 띄게 남기지 않도록 하라, 왜냐하면 그의 동료를 사랑하는 자는 율법을 충족시켰으므로

핵심구조 현재분사 continuing + 명사 debt

단어 및 숙어의 확장 let + 목적어 + R(remain) / outstanding 형용사 걸출한, 눈에 띄는, 현저한 / fulfill 동사 충족하다, 채우다

해설 ① continuing은 debt을 꾸며주는 제한적 용법의 현재분사이다. ② let + 목적어 debt + 동사원형 remain ③ for는 because의 뜻이다.

의역 피차 사랑의 빚 외에는 아무에게든지 아무 빚도 지지 말라 남을 사랑하는 자는 율법을 다 이루었느니라

성경해설 하나님 사랑은 성령으로 인해 우리 마음에 부어지고(5:5), 성령을 따라 행할 때 이 사랑을 실천하게 되는데(갈5:22), 성령의 인도를 받는 자는 율법의 요구가 충족되어진다(롬8:4)(갈5:16-18)

---

6 Everyone must submit himself to the <u>governing</u> authorities, for there is no authority except that which God has established. The authorities that exist have been established by God.　　(롬13:1)

직역 모든 사람은 지배하는 권력에 자신을 굴복해야만 한다, 왜냐하면 하나님이 설립하신 권력을 제외하고는 그 어떤 권력도 없기 때문이다. 존재하는 권력은 하나님에 의해서 설립되어왔다

핵심구조 현재분사 governing + 명사 authorities

단어 및 숙어의 확장 submit 동사 복종(순종)(굴복)하다 / govern 동사 지배하다, 다스리다 / authority 명사 권력, 권세, 권위, 당국 / for=because / establish 동사 설립하다, 세우다

해설 ① governing은 authorities를 꾸며주는 제한적 용법의 현재분사이다. ② except 다음의 that은 지시대명사로서 authority를 의미한다. ③ authorities 다음의 that은 주격관계대명사이다.

의역 각 사람은 위에 있는 권세들에게 굴복하라 권세는 하나님께로 나지 않음이 없나니 모든 권세는 다 하나님의 정하신 바라

성경해설 권세들(authorities): '힘' '능력'이 있는 자들로 주로 영적 의미로 사용되었지

만 여기서는 통치권자, 당국자들을 가리킨다(고전15:14) / 개개의 구체적인 세상의 권력집단을 가리킨다

7 How, then, can they call on the one they have not believed in? And how can they believe in the one of whom they have not heard? And how can they hear without someone <u>preaching</u> to them?

(롬10:14)

[직역] 그러면, 그들이 믿지 않았던 사람을 어떻게 방문할 수 있는가? 그들이 들어본 적도 없는 자들 중의 한명을 어떻게 믿을 수 있는가? 그들에게 설교하는 사람도 없이 그들은 어떻게 들을 수 있겠는가?

[핵심구조] 명사 someone + 현재분사 preaching

[단어 및 숙어의 확장] believe in (~의 존재를) 믿다 / preach [동사] 설교하다, 가르치다

[해설] ① preaching은 someone을 꾸며주는 제한적 용법의 현재분사이다. ② the one과 they 사이에 목적격관계대명사 that이나 whom이 생략돼 있다.

[의역] 그런즉 저희가 믿지 아니하는 이를 어찌 부르리요 듣지도 못한 이를 어찌 믿으리요 전파하는 자가 없이 어찌 들으리요

② 과거분사(p.p.)가 사용된 문장

2-1. 과거분사의 제한적 용법

과거분사의 제한적용법에서는 과거분사가 명사의 앞뒤에서 그 명사를 꾸며준다.

[예1] <u>fallen</u> leaves: 떨어진 나뭇잎(낙엽) <fallen은 leaves를 꾸며준다.>

[예2] <u>broken</u> window: 깨진 창문 <broken은 window를 꾸며준다.>

[예3] Take 1/4 to 1/2 tea spoonful daily. Do not exceed <u>stated</u> dose. 정해진 복용량 <stated는 dose를 꾸며준다.>

💣 주격관계대명사+be동사가 생략된 채 과거분사만 남아있는 문장: 이때 과거분사 이하는 선행사인 명사를 뒤에서 꾸며준다.

예문1 They have a bright son (that is) called Yougon.
(그들에게는 유건이라고 불리는 똑똑한 아들이 있다.)
(주격관계대명사 that 또는 who와 is가 생략되어 과거분사 called만 남았다. 이때 called 이하는 뒤에서 son을 꾸며준다.)

예문2 She is a painter (that is) returned from Paris.
(그녀는 파리에서 돌아온 화가이다.)
(주격관계대명사 that 또는 who와 is가 생략되어 과거분사 returned만 남았다. 이때 returned 이하는 뒤에서 painter를 꾸며준다.)
('주격관계대명사+be동사의 생략'을 참고할 것.)

예문3 Please hand carry the items (that are) listed below with you at all times.
(제발 아래의 목록에 있는 물품들을 항상 손에 들고 다니세요.)
(주격관계대명사 that 또는 which와 are가 생략되어 과거분사 listed만 남았다. 이때 listed below는 뒤에서 items를 꾸며준다.)

---

1 For this was how the promise was stated: "At the appointed time I will return, and Sarah will have a son." (롬9:9)

직역 이것이 그 약속이 서술된 방법이었다. 즉 "약속된 시간에 나는 돌아올 것이며 사라는 아들을 낳을 것이다"

핵심구조 과거분사 appointed + 명사 time

단어 및 숙어의 확장 state 동사 서술하다, 진술하다(be stated 서술되다, 진술되다) / appointed 형용사 지정된, 정해진, 약속된

해설 appointed는 time을 앞에서 꾸며주는 제한적 용법의 과거분사이다.

의역 약속의 말씀은 이것이라 명년 이 때에 내가 이르리니 사라에게 아들이 있으리라 하시니라

2 But now, by dying to what once bound us, we have been released from the law so that we serve in the new way of the Spirit, and not in the old way of the written code. (롬7:6)

직역 그러나 이제, 한때 우리를 묶었던 것에 대하여 죽음으로써, 우리는 율법으로부터 해방되었다 우리가 성령의 새로운 방식으로 섬기기 위하여, 성문법의 낡은 방식으로가 아니라

핵심구조 과거분사 written + 명사 code

단어 및 숙어의 확장 bind-bound-bound 묶다 / release 동사 풀리다, 해방되다 / so that + S + (may) + R(serve) ~하기 위하여

해설 ① written은 명사 code를 앞에서 꾸며주는 제한적 용법의 과거분사이다. ② so that + 주어 + (may) + 동사원형 ~하기 위하여 may가 생략돼 있다. ③ what은 관계대명사로서 the thing which로 바꿀 수 있다. 이 문장에서 what은 주어가 되기도 한다.

의역 이제는 우리가 얽매였던 것에 대하여 죽었으므로 율법에서 벗어났으니 이러므로 우리가 영의 새로운 것으로 섬길 것이요 의문(儀文)의 묵은 것으로 아니할찌니라

성경해설 '의문의 묵은 것': '낡은 법조문' 여기서 '의문'은 율법을 가리킨다

---

3 As he says in Hosea: "I will call them 'my people' who are not my people; and I will call her 'my loved one' who is not my loved one," and, "It will happen that in the very place where it was said to them, 'You are not my people,' they will be called 'sons of the living God.'"

(롬9:25-26)

직역 그가 호세아서에서 말한 것과 같다: "나는 나의 국민이 아닌 그들을 '나의 국민'으로 부르리라. 나는 나의 연인이 아닌 그녀를 '나의 연인'이라 부르리라. '너희는 나의 국민이 아니다'라고 그들에게 말하던 바로 그 장소에서, 그들은 '살아 계신 하나님의 아들'이라고 불리게 되는 일이 생길 것이다

핵심구조 과거분사 loved + 명사 one

단어 및 숙어의 확장 Hosea [houzí:ə] (구약의) 호세아서

해설 ① loved는 one을 앞에서 꾸며주는 제한적 용법의 과거분사이다. ② that은 종속 접속사이다. ③ where는 장소를 나타내는 관계부사이다.

의역 호세아 글에도 이르기를

내가 내 백성 아닌 자를 내 백성이라. 사랑치 아니한 자를 사랑한 자라 부르리라 너희는 내 백성이 아니라 한 그 곳에서 저희가 살아계신 하나님의 아들이라 부름을 얻으리라 함과 같으니라

2-2. 과거분사의 서술적 용법

명사의 앞뒤에서 꾸며주는 것이 아니라 그 문장의 주어나 목적어를 설명해 준다. 따라서 이 과거분사는 주격보어나 목적격보어의 역할을 한다.

예문1 I saw people <u>healed</u>.
(나는 사람들이 치료받는 것을 보았다.)
[사람들이 치료를 받기 때문에 healed로 썼다. healed는 people을 설명함.]

예문2 He saw a whale <u>caught</u>. (그는 고래가 잡히는 것을 보았다.)
[고래가 사람에 의해서 잡히는 것이므로 caught로 썼다. caught는 whale을 설명함.]

예문3 Never leave a burning candle <u>unattended.</u> (타오르는 촛불을 결코 내버려둔 채로 두지 마라.)
[unattended 보살핌을 받지 않은 채로, 내버려둔 채로.]

1 What if God, choosing to show his wrath and make his power <u>known</u>, bore with great patience the objects of his wrath—prepared for destruction?

(롬9:22)

직역 만약 하나님께서, 그의 분노를 보이며 그의 능력을 알리는 것을 선택하신 후, 파멸시키도록 준비된 그의 분노의 목적을 매우 참을성 있게 견디셨다면 어떻게 되었을까?

핵심구조 make + 목적어 his power + 과거분사 known

단어 및 숙어의 확장 wrath 명사 분노, 화 / with great patience=very patiently=매우 참을성 있게 / bear-bore-born 견디다 / destruction 명사 파멸, 파괴 what if(구어체) (만약 과거에 이랬었다면 지금 어떻게 되었을까 하는) 가정(의 문제). 만약

이라는 문제

해설 ① 과거분사 know은 서술적용법으로서 목적어 his power를 설명해 준다.
② ,choosing은 분사구문으로서 접속사+주어+동사로 바꾸면, after he chose가
된다. ③ what if~ 하면(라면) 어찌될 것인가?, ~한다 하더라도 어쨌단 말인가,
~한들 상관없지 않은가? 예) What if we should fail? 만일 실패하면 어찌하나?
(설마 실패하더라도 상관없지 않은가?)(실패할 리가 거의 없지만) ④ prepared
는 wrath를 뒤에서 꾸며주는 제한적 용법의 과거분사이다.

의역 만일 하나님이 그 진노를 보이시고 그 능력을 알게 하고자 하사 멸하기로 준비
된 진노의 그릇을 오래 참으심으로 관용하시고

---

2 God presented him as a sacrifice of atonement, through faith in his
blood. He did this to demonstrate his justice, because in his
forbearance he had left the sins committed beforehand <u>unpunished</u>

(롬3:25)

직역 하나님은 그의 피에 대한 믿음을 통하여 그를 속죄의 희생으로 제시하셨고,
그는 그의 정의를 입증하기 위해서 이것을 하였는데, 그의 인내로 이전에 지은
죄들을 벌주지 않은 채 남겨두었기 때문이다

핵심구조 명사 sins + 과거분사 unpunished

단어 및 숙어의 확장 present (동사) 선물로 주다 / him=Jesus Christ / sacrifice of
atonement 화목제물 / atonement (명사) 속죄 / demonstrate (동사) 나타내다, 표
시하다, 증명하다 / forbearance (명사) 참음, 인내

해설 과거분사 unpunished는 서술적 용법으로서 목적어 sins를 설명해 준다.

의역 이 예수를 하나님이 그의 피로 인하여 믿음으로 말미암는 화목제물로 세우셨으
니 이는 하나님께서 길이 참으시는 중에 전에 지은 죄를 간과하심으로 자기의
의로우심을 나타내려 하심이니

성경해설

**칭의(justification)(의롭게 하심): 의롭지 않은 자를 의롭다고 선언하는 것. 하
나님께서는 죄인을 세상에서 따로 떼어 자신에게로 받아들여 주시고 자신의
가족으로 맞아들이심으로써 더 이상 '타국인'이나 '생소한 사람'이 아니라
하나님의 아들들이 되게 하신다. 이것은 하나님께서 죄인의 죄들을 그리스도

께 씌우고 죄인에게는 대신 그리스도의 의를 전가해 주심으로써 가능해진다. 죄인이 이처럼 의롭게 여김을 받는 것은 그들이 행함이 없어도 주 예수 그리스도를 믿음으로써 그 믿음이 의로 여겨지기 때문이다(롬4:5-6)

**구속(redemption): 실제로 값을 지불하는 것. 마치 전당포에 맡겨 놓은 저당물을 돈을 치르고 도로 찾아오는 것과 같다. 죄인은 전당포에 저당 잡혀 있는 신세다. 예수 그리스도께서는 자신의 피로 값을 지불하시고 그 죄인을 되찾아오신다 (엡1:7) (골1:14)

**예수 그리스도의 보혈이 없이는 결코 구속이 있을 수 없다. 예수 그리스도의 보혈만이 구속을 완성한다.

③ 분사구문이 쓰인 문장

부사절(=종속절)이 들어 있는 복문을 현재분사(~ing)나 과거분사(p.p.)를 사용해서 간단한 부사구로 된 단문으로 만든 것을 분사구문이라고 한다.

> ① ~ing, S + V
> ② ~ed, S + V

♣ 부사절을 분사구문으로 고치는 공식
① 종속절 안의 접속사를 삭제한다.
② 중심되는 주절의 주어와 종속절의 주어가 같을 경우, 종속절의 주어를 삭제한다.
③ 종속절의 동사의 원형에 ~ing를 붙인다.

예문1 If you turn to the left, you will find Hanyoung Theological University.
　　　 (왼편으로 돌면, 한영신학대학교를 발견할 것이다.)
　　　 →Turning to the left, you will find HYTU.

♣ 수동(태)분사구문: (being) + p.p. S + V
being+p.p.에서 being을 생략할 수 있다. 이때 p.p.만 남는데, 이러한 것을 수동(태)분사구문이라고 한다.

예문1 Because he was tired, he went to bed early.
　　　 (피곤했으므로 그는 일찍 잠자리에 들었다.)

→(Being) Tired, he went to bed early.

예문2 Because it is formulated with pure vegetable oils, this soap leaves the skin supple, smooth and delicate scented. (순수한 야채오일로 조제되었기 때문에, 이 비누는 피부를 유연하고, 부드럽고 은은한 향을 남긴다.)→(Being) Formulated with pure vegetable oils, this soap leaves the skin supple, smooth and delicate scented. [being+p.p.에서 being을 생략할 수 있다.]

♣ 완료분사구문: Having + p.p. S + V
부사절의 시제가 주절의 시제보다 앞선 것을 의미한다.

예문 After he had said this, he stayed in Galilee.(요7:9)
(이것을 말하고 나서, 그는 갈릴리에서 머무셨다.)
→Having said this, he stayed in Galilee.

〈갈릴리바다〉

〈팔복교회〉

♣ 분사구문을 다시 부사절로 바꾸는 공식

① 분사구문과 주절의 앞뒤 문맥을 살핀 후, 삭제했던 접속사를 다시 사용한다. 이때 대부분의 접속사는 If, When, After, As, Because, Since, Though 등이다.

② 삭제했던 종속절의 주어를 다시 살려준다.

③ ～ing를 삭제하고 주절의 동사와 시제를 일치시켜서 종속절의 동사를 다시 사용한다.

예문1 Turning to the left, you will find HYTU.

→ If you turn to the left, you will find Hanyoung Theological University.
(왼편으로 돌면, 한영신학대학교를 발견할 것이다.)

예문2 (Being) Tired, he went to bed early.

→Because he was tired, he went to bed early.
(피곤했으므로 그는 일찍 잠자리에 들었다.)

예문3 (Being) Supplemented with fruits and vegetables, this formula delivers natural antioxidants to help give your friend a healthy lifestyle.

→As it is supplemented with fruits and vegetables, this formula～.
(과일과 야채로 보충되었기 때문에 이 조리법은 자연적인 노화방지제를 제공하여 너의 친구에게 건강한 라이프스타일을 주는 데에 도움이 된다.)

---

1 For sin, seizing the opportunity afforded by the commandment, deceived me, and through the commandment put me to death.

(롬7:11)

직역 죄는, 계명이 제공하는 기회를 붙잡은 후에, 나를 속였으며, 계명을 통해서 나를 죽음에 넣었다

핵심구조 ,seizing

단어 및 숙어의 확장 deceive 동사 속이다, 기만하다 / put + O + to death ～을 죽이다

해설 ① ,seizing은 분사구문으로서 부사절로 바꾸면, after it seized the opportunity afforded by the commandment가 된다. ② For는 because의 뜻이다.
③ opportunity와 afforded 사이에는 주격관계대명사 that과 was가 생략돼 있다.

의역 죄가 기회를 타서 계명으로 말미암아 나를 속이고 그것으로 나를 죽였는지라

2 What if God, <u>choosing</u> to show his wrath and make his power known, bore with great patience the objects of his wrath—prepared for destruction?　　　　(롬9:22)

> **직역** 만약 하나님께서, 그의 분노를 보이며 그의 능력을 알리는 것을 선택하신 후, 파멸을 위해 준비된 그의 분노의 대상들을 매우 참을성 있게 견디신다면 어찌 될까?

> **핵심구조** 주어 God + ,choosing～known + 동사 bore

> **단어 및 숙어의 확장** wrath 명사 분노, 화 / with great patience=very patiently=매우 참을성 있게 / bear-bore-born 견디다 / destruction 명사 파멸, 파괴 / what if(구어체) (만약 과거에 이랬었다면 지금 어떻게 되었을까 하는) 가정(의 문제), 만약 이라는 문제

> **해설** ① ,choosing은 분사구문으로서 접속사+주어+동사로 바꾸면, after he chose가 된다. ② what if ～하면(라면) 어찌될 것인가?, ～한다 하더라도 어쨌단 말인가, ～한들 상관없지 않은가? 예) What if we should fail? 만일 실패하면 어찌하나? (설마 실패하더라도 상관없지 않은가?)(실패할 리가 거의 없지만) ③ prepared 는 wrath를 뒤에서 꾸며주는 제한적 용법의 과거분사이다.

> **의역** 만일 하나님이 그 진노를 보이시고 그 능력을 알게 하고자 하사 멸하기로 준비된 진노의 그릇을 오래 참으심으로 관용하시고

3 And do this, <u>understanding</u> the present time. The hour has come for you to wake up from your slumber, because our salvation is nearer now than when we first believed.　　　　(롬13:11)

> **직역** 현재의 시간을 이해하기 때문에, 이것을 해라. 네가 네 무기력으로부터 깨어날 시간이 왔다, 왜냐하면 우리의 구원이 우리가 처음 믿었던 때보다 지금 더 가깝기 때문이다

> **핵심구조** ,understanding

> **단어 및 숙어의 확장** wake up 깨어나다 / slumber 명사 선잠, 무기력 / salvation 명사 구원

> **해설** ,understanding은 분사구문으로서 접속사+대명사로 바꾸면, because you

understand the present time이 된다.

> **의역** 또한 너희가 이 시기를 알거니와 자다가 깰 때가 벌써 되었으니 이는 이제 우리의 구원이 처음 믿을 때보다 가까왔음이니라
>
> **성경해설** '시기(hour)': (헬라어: 카이로스): '정해진 때' '예정된 시간'이라는 뜻으로 여기서는 주님의 재림과 심판의 날을 의미한다(마24:30)

4 For if, when we were God's enemies, we were reconciled to him through the death of his Son, how much more, <u>having been reconciled</u>, shall we be saved through his life!

(롬5:10)

> **직역** 만약, 우리가 하나님의 적이었을 때, 우리가 그의 아들의 죽음을 통하여 그와 화해한다면, 화해가 된 후에는, 얼마나 더 많이 우리는 그의 목숨을 통하여 구원을 받을 것인가! (=화해가 된 후에는 그의 목숨을 통해서 우리는 참으로 많이 구원받게 될 것이다)
>
> **핵심구조** having been + 과거분사 reconciled
>
> **단어 및 숙어의 확장** For=because / reconcile 동사 화해하다
>
> **해설** ① having been reconciled는 완료수동분사구문으로서 부사절로 바꾸면, after we had been reconciled (우리가 화해한 이후에는) (『술술풀어가는 영어성경영문법-옥중서신-』p. 128. 참조) ② if we were는 가정법과거로서 be동사의 경우 무조건 were를 사용한다.
>
> **의역** 곧 우리가 원수 되었을 때에 그 아들의 죽으심으로 말미암아 하나님으로 더불어 화목되었은즉 화목된 자로서는 더욱 그의 살으심을 인하여 구원을 얻을 것이니라
>
> **성경해설** '화목되었은즉': '교환' '화해'라는 뜻에서 나온 말로 '은총의 회복'을 암시한다. 이 말은 처음의 관계로 되돌아가는 것, 곧 죄인이 그리스도의 대속을 통해 의롭게 됨으로써 하나님과의 본래의 관계로 회복되었음을 의미한다

④ 부대상황(동시상황)이 쓰인 문장

♣ 분사구문의 동시상황

$$\boxed{\begin{array}{l} ① \ 현재분사(\sim ing), \ S + V \\ ② \ S + V, \ 현재분사(\sim ing) \end{array}}$$

원래 주격보어로서 주절의 동작이 일어날 때의 주어의 상황을 나타내준다.
현재분사를 동사로 바꾸고 접속사 and로 연결할 수 있다. 부대상황은 독립분사구문
에 속한다.　　　　(『술술풀어가는 영어성경영문법-옥중서신-』 pp. 140-41. 참조)

예문1　Walking on tiptoe, I approached the riverside.
　　　=I walked on tiptoe and approached the riverside.
　　　(발끝으로 걸어서 나는 강가에 다가갔다.)
　　　(Walking은 분사구문의 동시상황으로서 walked and로 바꿀 수 있다.)

예문2　Singing gospel songs Roun had a good time.
　　　=Roun sang gospel songs and had a good time.
　　　(복음성가를 부르면서 로운이는 즐겁게 보냈다.)
　　　(Singing은 분사구문의 동시상황으로서 sang and로 바꿀 수 있다.)

예문3　Wicked people managed to take away his family's house and land, leaving them
　　　with nothing. =Wicked people managed to take away his family's house and
　　　land, and left them with nothing. (사악한 사람들이 그의 가족의 집과 땅을
　　　빼앗아가고, 그들에게 아무것도 남겨주지 않았다.)
　　　(leaving은 분사구문의 동시상황으로서 ,and left로 바꿀 수 있다.)

예문4　Liftan INTENSIVE invigorates and firms skin, helping to prevent new wrinkles
　　　from forming. (립탠 인텐시브는 피부를 활기 있게 하고 탄탄하게 해주며, 새
　　　주름이 생기는 것을 막는 데 도움을 준다.)
　　　(helping은 분사구문의 동시상황으로서 ,and helps로 바꿀 수 있다.)

예문5　A small amount of new food to your dog's previous diet, gradually increasing
　　　the new and decreasing the previous diet until the transition is complete.

직역 새로운 음식을 너의 강아지의 예전 음식에 약간 섞어주어라, 그리고 그 변화가 완성될 때까지 서서히 새 음식의 양을 늘이고 예전 음식을 줄이면서.

의역 강아지의 예전 음식에 새 음식을 약간 섞어주면서 서서히 예전 음식을 줄이고 새 음식을 늘여라 그러면 강아지가 음식의 변화에 적응할 것이다.

(,increasing과 decreasing은 분사구문의 동시상황으로서, and increase and decrease로 바꿀 수 있다.)

1 Never be lacking in zeal, but keep your spiritual fervor, <u>serving</u> the Lord.

(롬12:11)

직역 열정에 있어서 결코 결핍하지 말고 너의 영적 열정을 간직해라, 주님을 섬기면서

핵심구조 주어 (you) + 동사 keep, + serving

단어 및 숙어의 확장 zeal 명사 열중, 열의, 열성, 열정, 열심 / fervor 명사 열정, 열렬, 작열

해설 ,serving은 분사구문의 동시상황으로서 and serve로 바꿀 수 있다.

의역 부지런하여 게으르지 말고 열심을 품고 주를 섬기라

2 Yet he did not waver through unbelief regarding the promise of God, but was strengthened in his faith and gave glory to God ,<u>being fully persuaded</u> that God had power to do what he had promised.

(롬4:21)

직역 그러나 그는 하나님의 약속에 관하여 믿지 않음을 통하여 흔들리지 않았으나 그의 믿음을 강하게 하고 하나님께 영광을 드렸다, 그리하여 하나님이 그가 약속하셨던 것을 행하실 능력을 지녔음을 충분히 설득당했다

핵심구조 ,being

단어 및 숙어의 확장 waver 동사 흔들리다, 망설이다, 주저하다 / unbelief 명사 믿음이 없음 / regarding ~에 관하여 (=about) / strengthen 동사 강하게 하다 /

strong 〔형용사〕 강한 / strength 〔명사〕 강함, 힘 / fully 〔부사〕 충분히 / persuade 〔동사〕 설득하다 (be persuaded 설득당하다)

해설 ① being fully persuaded는 분사구문의 동시상황으로서 ,and he was fully persuaded로 바꿀 수 있다. ② that은 앞에 동사 persuaded, 뒤에 주어 God, 동사 had가 왔으므로 종속접속사이다. ③ what은 관계대명사로서 the thing which로 바꿀 수 있다.

의역 믿음이 없어 하나님의 약속을 의심치 않고 믿음에 견고하여져서 하나님께 영광을 돌리며 약속하신 그것을 또한 능히 이루실 줄을 확신하였으니

03

V + O + to R로 된 문장

want		원하다
cause		초래하다
beg	+ O + to R = ~가 ~하도록	간청하다
allow		허락하다
ask		요청하다
force		강요하다
warn		경고하다
permit		허락하다
command		명령하다
encourage		격려하다
advise		충고하다
persuade		설득하다

예문1 God wants us to bless our enemies.
(하나님은 우리가 우리의 적을 축복하기를 원하신다.)

예문2 God wants all His people to bless others.
(하나님은 그의 모든 백성들이 다른 사람들을 축복하기를 원하신다.)

예문3 He wants us to love all of them.
(그는 우리가 그들 모두를 사랑하기를 원하신다.)

예문4 God <u>allowed him to see</u> Joseph.
(하나님은 그가 요셉을 만나는 것을 허락하셨다.)

예문5 <u>Allow the Holy Spirit to work</u> in your life.
(네 인생에서 성령이 활동하도록 허락하라.)

예문6 Don't <u>allow Satan to discourage</u> you.
(사단으로 하여금 너를 낙담시키는 것을 허락하지 마라.)

예문7 You can always <u>ask God to help</u> you.
(너는 너를 도와달라고 하나님께 항상 요청할 수 있다.)

예문8 He <u>encouraged me to try</u> harder.
(그는 나에게 더 열심히 노력하라고 격려했다.)

예문9 The identification of Christ in your life will <u>cause many people to react</u> in a negative way.
직역 네 인생에서 그리스도라는 신분은 수많은 사람들로 하여금 부정적인 방법으로 반응하도록 야기시킬 것이다.
의역 네 인생에서 그리스도라는 신분 때문에 부정적인 방법으로 반응하는 사람들이 많을 것이다.

예문10 His parents <u>advised me to be</u> cautious.
(그의 부모님은 내게 조심하라고 충고하셨다.)

---

1 One man's faith <u>allows him to eat</u> everything, but another man whose faith is weak, eats only vegetables.
(롬14:2)

직역 한 사람의 믿음은 그가 모든 것을 먹는 것을 허용하지만, 믿음이 약한 다른 사람은 채소만을 먹는다

핵심구조 allow + 목적어 him + to eat

단어 및 숙어의 확장 faith 명사 믿음 / vegetable 명사 채소

해설 allow + him + to eat = 그가 먹기를 허락하다

의역 어떤 사람은 모든 것을 먹을 만한 믿음이 있고 연약한 자는 채소를 먹느니라

성경해설 '채소를 먹느니라': 채소는 소화가 잘 되는 음식을 가리키기도 하지만 당시에 시장에서 파는 고기는 우상의 제물이었다. 따라서 고기를 먹고 마음에 걸려

괴로워하는 자는 차라리 채소만을 먹을 것을 권장하는 말이다(베스트성경, p.259)/ '채소를 먹느니라' : 당시 시장에서 팔았던 고기는 우상의 제물이었으므로 고기 먹는 것을 용납할 만큼 믿음이 강건하지 못한 믿음의 소유자의 행위를 나타내는 표현임(고전8:8-13)

2 Everyone has heard about your obedience, so I am full of joy over you; but I <u>want you to be</u> wise about what is good, and innocent about what is evil. (롬16:19)

> **직역** 모든 사람이 너의 순종에 대하여 들었다, 그래서 나는 너에 대해서 기쁨으로 가득 차 있다. 그러나 나는 네가 선한 것에 대하여 현명해지고 악한 것에 대하여 순진해지기를 원한다
>
> **핵심구조** want + 목적어 you + to be
>
> **단어 및 숙어의 확장** be full of=be filled with= ~로 가득 차 있다 / innocent 형용사 순진한, 무죄한 / want + 목적어(you) + to R /
>
> **해설** ① want + you + to be 네가 ~하기를 원한다. ② what은 관계대명사로서 the thing which로 바꿀 수 있다. ③ innocent 앞에는 I want you to be가 생략돼 있다.
>
> **의역** 너희 순종함이 모든 사람에게 들리는지라 그러므로 내가 너희를 인하여 기뻐하노니 너희가 선한 데 지혜롭고 악한 데 미련하기를 원하노라
>
> **성경해설** '순종함': 바울에게 순종함이 아니라 주님께 순종함을 가리킴

3 It is better not to eat meat or drink wine or to do anything else that will <u>cause your brother to fall</u>. (롬14:21)

> **직역** 너희 형제를 타락하게 하는 고기를 먹거나 술을 마시거나 그 어떤 일을 하지 않는 것이 더 낫다
>
> **핵심구조** cause + 목적어 your brother + to 동사원형 fall
>
> **단어 및 숙어의 확장** cause 동사 야기시키다, 초래하다 / fall 동사 떨어지다, 타락하다 / meat 명사 고기(육식)
>
> **해설** ① cause 다음에는 목적어가 오고 목적어 다음에는 반드시 to + R가 와야 한다. ② 주격관계대명사 that은 뒤에 일반동사 cause가 왔으므로 생략할 수 없다.

③ It은 가주어, to eat과 (to)drink, to do는 진주어이다.

의역 고기도 먹지 아니하고 포도주도 마시지 아니하고 무엇이든지 네 형제로 거리끼게 하는 일을 하니함이 아름다우니라

4 As it is written: "See, I lay in Zion a stone that causes men to stumble and a rock that makes them fall, and the one who trusts in him will never be put to shame."

(롬9:33)

직역 이렇게 쓰여진 것과 같다: "보라, 나는 시온에 돌을 놓아두는데 그것은 사람들을 넘어지게 한다 그리고 바위를 두는데 그것은 그들을 넘어지게 한다. 그를 믿는 자는 결코 수치를 당하지 않으리라"

핵심구조 causes + 목적어 men + to stumble

단어 및 숙어의 확장 lay (vt) ~을 두다, 놓다 / cause 동사 초래하다, 야기하다 / trust 동사 믿다, 신뢰하다 / tumble 동사 넘어지다

해설 ① cause는 목적어 다음에 반드시 to+R이 와야 한다. ② makes them fall에서 fall 앞에 to가 없는 것은 makes가 사역동사이기 때문이다. ③ 주격관계대명사 두 개의 that은 뒤에 일반동사 causes와 makes가 왔으므로 생략할 수 없다.

의역 기록된바
라 내가 부딪히는 돌과 거치는 반석을 시온에 두노니 저를 믿는 자는 부끄러움을 당치 아니하리라 함과 같으니라

〈베드로수위권교회 내부: 부활하신 예수님께서 제자들을 위해 생선을 구웠던 반석〉

5 Therefore, I <u>urge you</u>, brothers, in view of God's mercy, <u>to offer</u> your bodies as living sacrifices, holy and pleasing to God—this is your spiritual act of worship.

(롬12:1)

> **직역** 그러므로, 형제들아, 나는 주장한다, 하나님의 자비에 의하여, 너희가 너의 몸을 산 제물로서 거룩하고 기쁘게 하나님께 드리도록—이것이 예배의 영적 행동이다
>
> **핵심구조** urge + 목적어 you + to + 동사원형 offer
>
> **단어 및 숙어의 확장** in view of ~에 의하여 / living sacrifices 산 제물 / spiritual [형용사] 영적인
>
> **해설** urge 다음에는 목적어가 오고 목적어 다음에는 반드시 to + R가 와야 한다.
>
> **의역** 그러므로 형제들아 내가 하나님의 모든 자비하심으로 너희를 권하노니 너희 몸을 하나님이 기뻐하시는 거룩한 산 제사로 드리라 이는 너희의 드릴 영적 예배니라
>
> **성경해설** '산 제사': 나실인들같이 하나님께 바쳐진 자로서 일생을 거룩하게 사는 것을 가리킨다(고후7:1)
> **나실인(the Nazirite):(민6) 하나님께 자신을 거룩하게 구별하기로 서원한 사람(어원: 헌신된 자, 구별된 자)

6 I <u>ask you to receive</u> her in the Lord in a way worthy of the saints and <u>to give</u> her any help she may need from you, for she has been a great help to many people, including me.

(롬16:2)

> **직역** 나는 너희가 그 여자를 주님 안에서 받아들이고 성도로서 손색없이 그리고 너희로부터 필요할 수 있는 그 어떤 도움이라도 너희가 그녀에게 줄 것을 요청한다, 왜냐하면 그녀가 나를 포함해서 수많은 사람들에게 커다란 도움을 주어왔기 때문이다
>
> **핵심구조** ask + 목적어 you + to receive
>
> **단어 및 숙어의 확장** in a way worthy of ~로서 손색없이, ~에 적당한 방법으로
>
> **해설** ① ask + 목적어 + to R~ ~가~하기를 요청하다, 요구하다 ② for는 because의

뜻이다 ③ help 와 she 사이에는 목적격관계대명사 that이 생략돼 있다.

너희가 주 안에서 성도들의 합당한 예절로 그를 영접하고 무엇이든지 그에게 소용되는 나를 도와줄찌니 이는 그가 여러 사람과 나의 보호자가 되었음이니라

04 사역동사와 지각동사가 들어간 문장

사역동사(남에게 ~ 을 시키는 동사)와 지각동사(감각동사)가 오면 목적어 다음에는
반드시 동사의 원형(R)이 와야 한다.

```
let   + O + R
have  + O + R
make  + O + R

hear  + O + R
see   + O + R
feel  + O + R
smell + O + R
```

예문1 Jesus said, "Let the children come to me."
(예수께서 말씀하셨다, "아이들로 하여금 나에게 오게 하라.")
[let + 목적어 the children + 동사원형 come]

예문2 He made Lazarus live again.
(그는 나사로를 다시 살리셨다.)
[make + 목적어 Lazarus + 동사원형 live]

〈나사로의 무덤〉

---

help + O + R (help + O + to R)

help는 목적어 다음에 원형이 와도 되고(미국영어) to +R이 와도 된다.(영국영어)

예문 These ingredients offer highly digestible protein to <u>help your dog maintain</u> the sleek condition of good health. (이 재료에는 소화가 매우 잘되는 단백질이 들어 있어서 강아지가 토실토실한 상태를 유지하는 데에 도움이 된다.)

---

1 let + O + R

1 <u>Let us</u> therefore <u>make</u> every effort to do what leads to peace and to mutual edification.

(롬14:19)

직역 그러므로 하도록 노력합시다 평화와 상호계발을 초래하는 것을 행하도록

핵심구조 사역동사 let + 목적어 us + 동사원형 make

단어 및 숙어의 확장 Let + 목적어(us) + R (make) / make effort 노력하다 / mutual **형용사** 상호간의, 서로의 / edification **명사** 함양, 계발

해설 ① let + O + R ② what은 관계대명사로서 the thing which로 바꿀 수 있다.

의역 이러므로 우리가 화평의 일과 서로 덕을 세우는 일을 힘쓰나니

2 The night is nearly over; the day is almost here. So <u>let us put</u> aside the deeds of darkness and put on the armor of light.　(롬13:12)

> **직역**　밤이 거의 끝나고 낮이 거의 이곳에 있다. 그러므로 우리로 하여금 어둠의 행위를 제치고 빛의 갑옷을 입게 해다오
>
> **핵심구조**　사역동사 let + 목적어 us + 동사원형 put
>
> **단어 및 숙어의 확장**　let + 목적어(us)+ R(put) / put aside 따로 두다 / put on 입다 / deed 명사 행위 (do의 명사형) / armor 명사 갑옷
>
> **의역**　밤이 깊고 낮이 가까웠으니 그러므로 우리가 어두움의 일을 벗고 빛의 갑옷을 입자
>
> **성경해설**　'밤': 성경에서는 무지와 불신의 때임과 아울러(살전5:15) 역경(사21:12)과 죽음의 때(요9:4)를 상징한다. 영적으로 어둡고 죄악과 저주가 가득한 현실세계를 가리킨다. / '낮': 예수 그리스도께서 재림하셔서 메시아왕국을 성취하실 때를 가리킨다 / '가까웠으니': 예수 그리스도의 죽음과 부활로 말미암아 종말의 때가 시작되었고 종말의 마침이 가까웠음이 신약성경에 많이 언급되어 있다 (마24:33)(빌4:5)(약5:8-9)(벧전4:7)(요일2:18) / '어두움의 일': 그리스도인이 되기 이전의 활동을 가리킨다

3 Therefore <u>let us stop</u> passing judgment on one another. Instead, make up your mind not to put any stumbling block or obstacle in your brother's way.　(롬14:13)

> **직역**　그러므로 서로에 대해 판단하는 것을 멈추자. 그 대신, 당신의 형제들의 길에 어떤 넘어지는 장애물을 두지 않도록 결심하여라
>
> **핵심구조**　사역동사 let + 목적어 us + 동사원형 stop
>
> **단어 및 숙어의 확장**　let + 목적어(us) + R(stop) / stop +~ing: ~하는 것을 멈추다 / one another 서로서로 / make up one's mind: 결심하다 / stumble 동사 넘어지다 / obstacle 명사 장애물
>
> **의역**　그런즉 우리가 다시는 서로 판단하지 말고 도리어 부딪힐 것이나 거칠 것으로 형제 앞에 두지 아니할 것을 주의하라

4 We have different gifts, according to the grace given us. If a man's gift is prophesying, <u>let him use</u> it in proportion to his faith. If it is serving, <u>let him serve</u>; if it is teaching, <u>let him teach</u>; if it is encouraging, <u>let him encourage</u>; if it is contributing to the needs of others, <u>let him give</u> generously; if it is leadership, <u>let him govern</u> diligently; if it is showing mercy, <u>let him do</u> it cheerfully.

(롬12:6-8)

직역 우리는 우리에게 주어진 은사에 따라서 각각 다른 재능을 지닌다. 어떤 사람의 재능이 예언하는 것이라면, 그의 믿음에 비례하여 그것을 사용하게 해라. 그것이 섬기는 것이라면, 그로 하여금 섬기게 해라. 그것이 가르치는 것이라면 그로 하여금 가르치게 해라. 그것이 격려하는 일이라면, 그로 하여금 격려하게 해라. 그것이 다른 사람들의 필요에 공헌하는 일이라면, 그로 하여금 너그러운 마음으로 주게 해라. 그것이 지도력이라면, 그로 하여금 부지런히 통치하게 해라. 그것이 자비를 보여주는 일이라면, 그로 하여금 그것을 유쾌하게 행하게 해라

핵심구조 let + 목적어 him + 동사원형 use/serve/teach/encourage/give/govern/do

단어 및 숙어의 확장 according to ~에 의하면, ~에 따르면 / in proportion to ~에 비례하여 / let + 목적어 (him) + R (use) (serve) (teach) (encourage) (give) (govern) (do) / generously 〔부사〕 너그럽게, 관대하게 / contribute 〔동사〕 기여하다, 공헌하다 / encourage 〔동사〕 격려하다, 사기를 북돋다 / diligently 〔부사〕 부지런하게 / cheerfully 〔부사〕 유쾌하게, 쾌활하게 / grace 〔명사〕 은사

해설 ① let + 목적어 him + 동사원형: 여기에서 동사원형은 7개이다. ② grace와 given 사이에는 주격관계대명사 that(which)과 is가 생략돼 있다.

의역 우리에게 주신 은혜대로 받은 은사가 각각 다르니 혹 예언이면 믿음의 분수대로, 혹 섬기는 일이면 섬기는 일로, 혹 가르치는 자면 가르치는 일로, 혹 권위(勸慰)하는 자면 권위하는 일로, 구제하는 자는 성실함으로, 다스리는 자는 부지런함으로, 긍휼을 베푸는 자는 즐거움으로 할 것이니라

성경해설 은사(grace): 성도들의 필요에 따라 하나님께서 은혜로 내려주신 특별한 성령의 은사들을 가리킨다(롬12:6-8)(고전12장)

---

2 make + O + R

1 Who are you to judge someone else's servant? To his own master he stands or falls. And he will stand, for the Lord is able to make him stand.

(롬14:4)

> **직역** 누군가의 하인을 판단하는 너는 누구냐? 그의 주인을 위해 그는 서 있거나 무릎을 꿇는다. 그는 서 있을 것이다, 왜냐하면 주님이 그로 하여금 서게 하실 수 있기 때문이다
>
> **핵심구조** 사역동사 make + 목적어 him + 동사원형 stand
>
> **단어 및 숙어의 확장** fall 〔동사〕 무릎을 꿇다 / master 〔명사〕 주인
>
> **해설** ① make + 목적어 him + stand ② for는 because의 뜻이다. ③ 원래의 문장으로 만들면, He stands or falls to his own master. (to는 '위하여'라는 뜻이다)가 된다.
>
> **의역** 남의 하인을 판단하는 너는 누구뇨 그 섰는 것이나 넘어지는 것이 제 주인에게 있으매 저가 세움을 받으리니 이는 저를 세우시는 권능이 주께 있음이니라

3 have + O + R

1 But now that there is no more place for me to work in these regions, and since I have been longing for many years to see you, I plan to do so when I go to Spain. I hope to visit you while passing through and to have you assist me on my journey there, after I have enjoyed your company for a while.

(롬15:23-24)

> **직역** 그러나 내가 이 지역에서 일할 장소가 더 이상 없으므로 그리고 내가 너를 만나기 위해서 여러 해 동안 갈망해 온 이래로, 나는 스페인에 갈 때 그렇게 하기를 계획한다. 지나가는 동안 나는 너를 방문하길 희망하고 거기에서 내가 여행할 때 네가 나를 도와주기를 희망한다, 내가 잠시 동안 너와 함께 한 것을 즐거워

한 이후로

핵심구조 사역동사 have + 목적어(사람) you + 동사원형 assist

단어 및 숙어의 확장 plan to + R ~하기로 계획하다 / hope to + R ~하기를 바라다 / for a while 잠시 동안

해설 ① have + 목적어(사람) you + 동사원형 assist: ~네가~하도록 시키다 ② now that은 since나 because의 뜻이다.

의역 이제는 이 지방에 일할 곳이 없고 또 여러 해 전부터 언제든지 서바나로 갈 때에 너희에게 가려는 원이 있었으니 이는 지나가는 길에 너희를 보고 먼저 너희와 교제하여 약간 만족을 받은 후에 너희의 그리로 보내 줌을 바람이라

05

가(짜)주어와 진(짜)주어

가주어 It + is + 진주어 to R (또는 that + S + V)

가주어는 뒤에 오는 단어, 구, 절을 대표한다.
(가주어 It은 해석하지 않는다.) (진주어를 주어로 해석한다.)

예문1 It is possible to master English soon.
(곧 영어를 정복하는 것은 가능하다.)

예문2 It is easy to master English.
(영어를 정복하는 일은 쉽다.)

예문3 It is not difficult to master English.
(영어를 정복하는 것은 어렵지 않다.)

예문4 It is true that Leo has succeeded.
(리오가 성공했다는 것은 사실이다.)

예문5 It is a pity that they cannot come.
(그들이 갈 수 없다니 유감이다.)

진주어의 동작을 실행하는 자가 바로 의미상의 주어이다.

예문1 It is easy for me to lift the rock.
(내가 그 바위를 들어올리는 일은 쉽다.)

예문2 It was not so easy <u>for him</u> <u>to lift</u> the rock.
(그가 그 바위를 들어올리는 것은 쉽지 않았다.)

〈스페인: 몬세라트 수도원〉

가목적어는 뒤에 오는 단어, 구, 절을 대표한다. 가목적어는 해석하지 않는다.

예문1 I thought <u>it</u> wrong <u>to tell a lie.</u>
(나는 거짓말하는 것은 나쁘다고 생각했다.)
(it은 가목적어, to 이하는 진목적어)

예문2 Let's keep <u>it</u> secret <u>that they got divorced.</u>
(그들이 이혼했다는 것은 비밀로 해두자.)
(it은 가목적어, that 이하는 진목적어)

---

1 <u>It</u> is better not <u>to eat</u> meat or <u>drink</u> wine or <u>to do</u> anything else that will cause your brother to fall.   (롬14:21)

직역 너희 형제를 타락하게 하는 고기를 먹거나 포도주를 마시거나 일을 하지 않는 것이 더 낫다

핵심구조 가주어 It + is + 진주어 not to eat / to drink / to do

단어 및 숙어의 확장 cause 동사 야기하다, 초래하다 / fall 동사 떨어지다, 타락하다 / meat 명사 고기(육식)

해설 ① It은 가주어, to eat과 (to)drink, to do는 진주어다. ② that은 주격관계대명사이다. ② cause + O + to R

의역 고기도 먹지 아니하고 포도주도 마시지 아니하고 무엇이든지 네 형제로 거리끼게 하는 일을 하니함이 아름다우니라

성경해설 본절은 그리스도인이 고기나 포도주를 먹어서는 안 된다는 말씀이 아니라, 고기나 포도주를 먹을 만한 믿음을 가진 강한 그리스도인일지라도 그것들을 먹지 못하는 그리스도인의 신앙에 손상을 입히지 않도록 하기 위해서 그것을 먹지 않는 것이 훌륭한 신앙의 자세라는 말씀이다

2 It has always been my ambition to preach the gospel where Christ was not known, so that I would not be building on someone else's foundation.

(롬15:20)

직역 그리스도가 알려지지 않은 곳에 복음을 선포하는 것이 항상 나의 야망이었다, 내가 누군가의 토대 위에 세움이 되지 않도록

핵심구조 가주어 It + has always been + 진주어 to preach

단어 및 숙어의 확장 ambition 명사 야망, 포부 / foundation 명사 토대, 기초, 반석 / preach 동사 설교하다, 가르치다

해설 ① It은 가주어, to preach는 진주어다. ② where는 장소를 나타내는 관계부사이다. ③ so that + S(I) + would + R(be) ~하기 위하여

의역 또 내가 그리스도의 이름을 부르는 곳에는 복음을 전하지 않기로 힘썼노니 이는 남의 터 위에 건축하지 아니하려 함이라

3 Therefore, it is necessary to submit to the authorities, not only because of possible punishment but also because of conscience.

(롬13:5)

직역　그러므로 권위에 복종할 필요가 있다 가능한 벌 때문만이 아니라 양심 때문에

핵심구조　가주어 it + is necessary + 진주어 to submit

단어 및 숙어의 확장　not only because of A but also because of B: A때문이 아니라 B 때문이다 / conscience 명사 양심 / punishment 명사 벌

해설　it은 가주어이며 to submit 이하는 진주어다.

의역　그러므로 굴복하지 아니할 수 없으니 노를 인하여만 할 것이 아니요 또한 양심을 인하여 할 것이라

4　Do not take revenge, my friends, but leave room for God's wrath, for it is written: "It is mine to avenge; I will repay," says the Lord.

(롬12:19)

직역　나의 친구들이여, 복수하지 말고 하나님의 진노를 위해 여지를 남겨둬라, 왜냐하면 이렇게 쓰여 있기 때문이다. "복수하는 것은 나의 것이다. 내가 갚으리라"라고 주님이 말씀하신다

핵심구조　가주어 It + 동사 is + 진주어 to avenge

단어 및 숙어의 확장　take revenge 복수하다 / wrath 명사 분노 (w는 묵음이다) / for=because / avenge 동사 복수하다

해설　① it은 가주어, to avenge는 진주어다. ② for는 because의 뜻이다.

의역　내 사랑하는 자들아 너희가 친히 원수를 갚지 말고 진노하심에 맡기라 기록되었으되 원수 갚는 것이 내게 있으니 내가 갚으리라고 주께서 말씀하시니라

5　Do not destroy the work of God for the sake of food. All food is clean, but it is wrong for a man to eat anything that causes someone else to stumble.

(롬14:20)

직역　먹을 것을 위하여 하나님의 일을 파괴하지마라. 모든 음식은 청결하다, 그러나 사람이 누군가 다른 사람을 넘어지게 하는 것을 먹는 것은 나쁘다

핵심구조　가주어 it + is + 의미상의 주어 for a man + 진주어 to eat

for the sake of ∼을 위하여 / stumble [동사] 넘어지다, 비틀거리
다 / cause [동사] 초래하다, 야기하다

해설 ① it는 가주어, for a man은 의미상의 주어, to eat는 진주어다. ② that은 주격관
계대명사이다. ③ cause + O + to R

의역 식물을 인하여 하나님의 사업을 무너지게 말라 만물이 다 정하되 거리낌으로
먹는 사람에게는 악하니라

06

as∼so∼ 구문 (∼하듯이∼하다)

> [예문1] As rust eats iron, so care (eats) the heart.
> (녹이 쇠를 못 쓰게 만드는 것처럼 근심은 마음을 갉아먹는다.)
>
> [예문2] As food nourishes our body, so books nourish our mind.
> (음식이 우리의 몸에 영양을 주는 것처럼 책은 우리의 마음에 양식이 된다.)

〈오병이어〉

1 Consequently, just as the result of one trespass was condemnation for all men, so also the result of one act of righteousness was justification that brings life for all men. (롬5:18)

> **직역** 따라서, 하나의 범죄의 결과가 모든 인간에 대한 유죄판결이었듯이, 하나의 정의로운 행동의 결과가 모든 인간을 위한 생명을 가져오는 의로움이었다

> **핵심구조** as~so~

> **단어 및 숙어의 확장** consequently [부사] 따라서 / condemnation [명사] 비난, 유죄판결, 죄의 선고

> **해설** ① just as~so~ : 마치~하듯이~하다 ② brings 앞에 있는 that은 주격관계대명사이다.

> **의역** 그런즉 한 범죄로 많은 사람이 정죄에 이른 것같이 의의 한 행동으로 말미암아 많은 사람이 의롭다 하심을 받아 생명에 이르렀느니라

---

2 For just <u>as</u> through the disobedience of the one man the many were made sinners, <u>so</u> also through the obedience of the one man the many will be made righteous. (롬5:19)

> **직역** 한 사람의 불복종을 통하여 많은 사람들이 죄인으로 된 것처럼, 한 사람의 복종을 통하여 많은 사람들이 정의롭게 될 것이다

> **핵심구조** as~so~

> **단어 및 숙어의 확장** For=because / obedience [명사] 복종, 순종↔disobedience [명사] 불복종, 불순종

> **해설** just as~so~ : 마치~하듯이~하다

> **의역** 한 사람의 순종치 아니함으로 많은 사람이 죄인 된 것같이 한 사람의 순종하심으로 많은 사람이 의인이 되리라

---

3 Just <u>as</u> each of us has one body with many members, and these members do not have all have the same function, <u>so</u> in Christ we who are many form one body, and each member belongs to all the others. (롬12:4-5)

> **직역** 우리 각자가 많은 지체를 지닌 하나의 몸을 가지고 있고 이 지체들이 모두 다 똑같은 기능을 가진 것이 아닌 것과 꼭 마찬가지로 그리스도 안에서 많은 우리

가 한몸을 이루며 각 지체는 모든 다른 것들에게 속한 것과 같다

핵심구조 as～so～

단어 및 숙어의 확장 Just as A～so～ 마치～하는 것처럼～하다 / belong to ～에 속하다

해설 just as～so～: 마치～하듯이～하다

의역 우리가 한 몸에 많은 지체를 가졌으나 모든 지체가 같은 직분을 가진 것이 아니니 이와 같이 우리 많은 사람이 그리스도 안에서 한 몸이 되어 서로 지체가 되었느니라

---

4 I put this in human terms because you are weak in your natural selves. Just as you used to offer the parts of your body in slavery to impurity and to ever-increasing wickedness, so now offer them in slavery to righteousness leading to holiness.

(롬6:19)

직역 나는 이것을 인간적 용어에 넣는다 너희는 너희의 자연적 자신에서 약하기 때문이다. 마치 네가 너의 몸의 부분들을 노예제도에 제공하곤 해서 불순하게 하고 늘 사악하도록 한 것처럼, 지금도 그들을 노예제도에 제공해서 정의가 되어 거룩함을 초래한다

핵심구조 as～so～

단어 및 숙어의 확장 just as～so～: 마치～하는 것처럼～하다 / used to+ R: (과거에)～하곤 했다(지금은 아니다) / impurity 명사 불순함 / ever-increasing 형용사 항상 증가하는 (ever-active: 항상 활동하는, ever-present danger: 늘 존재하는 위험) / them=the parts of your body / lead to: ～을 초래하다 / holiness 명사 거룩함

의역 너희 육신이 연약하므로 내가 사람의 예대로 말하노니 전에 너희가 너희 지체를 부정과 불법에 드려 불법에 이른 것같이 이제는 너희 지체를 의에게 종으로 드려 거룩함에 이르라

성경해설 '거룩함': 본래 속된 세상으로부터 구별되는 신의 속성이나 그에게 속한 모든 것을 가리키는 제의 용어인 '거룩'에서 유래했다. 신에게 '봉헌된 것' 또는 거룩하게 된 상태로서의 '성화'를 가리키는 말이다

---

5 Just as you who were at one time disobedient to God have now received mercy as a result of their disobedience, so they too have

now become disobedient in order that they too may now receive
mercy as a result of God's mercy to you. (롬11:30-31)

직역 마치 한때 하나님께 순종치 않았던 네가 지금은 자비를 그들의 불순종의 결과로 받아들였던 것과 꼭 마찬가지로 그들도 지금은 불순종하였다 그들도 지금은 자비를 네게 주는 하나님의 결과로 자비를 받아들이기 위하여

핵심구조 as ~ so ~

단어 및 숙어의 확장 Just as ~ so ~ : ~하는 것처럼 ~하다 / at one time 한 때 / mercy 명사 긍휼 / obey 동사 —obedient 형용사 —disobedient 형용사 —disobedience 명사 / in order that + S + may + R ~하기 위해서

의역 너희가 전에 하나님께 순종치 아니하더니 이스라엘에 순종치 아니함으로 이제 긍휼을 입었는지라 이와 같이 이 사람들이 순종치 아니하니 이는 너희에게 베푸시는 긍휼로 이제 저희도 긍휼을 얻게 하려 하심이니라

성경해설 '이스라엘에 순종치 아니함으로': 오역이다. 공동번역으로는 '이스라엘 사람들의 불순종 때문에'

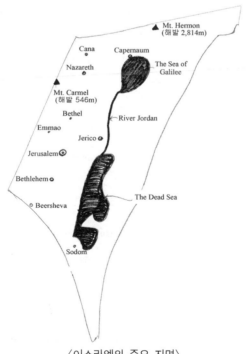

〈이스라엘의 주요 지명〉

07
수사의문문

중요포인트

형태: 수사의문문이 들어간 문장

수사의문문이란? 형식은 의문문이지만 내용은 평서문과 같은 것으로서 끝부분을 내려서 읽는다. 내용을 강조하기 위해서 수사의문문으로 쓴다.

예문1 Who can do so? (누가 그것을 할 수 있느냐?)
=No one can do so. (아무도 할 수 없다)

예문2 Who doesn't know the fact? (누가 그 사실을 모르겠느냐?)
=Everyone knows the fact. (모든 사람이 그 사실을 안다.)

예문3 Who knows? (누가 알겠어?)=Nobody knows. (아무도 모른다.)=Only God knows.(하나님만이 아신다.)

---

1 Since we have now been justified by his blood, how much more shall we be saved from God's wrath through him!
(롬5:9)

직역 우리가 이제 그의 피로 의롭다함을 받은 이래로, 그를 통하여 하나님의 분노로부터 얼마나 훨씬 더 많이 우리는 구원받을 것인가!

핵심구조 how much more + shall + 주어 we + 동사 be saved∼?

justify 동사 의롭다고 하다(be justified 의롭다하심을 받다) / much more 훨씬 더 / ave 동사 구원하다 (be saved 구원받다) / since=because

해설 how much more shall we be saved from God's wrath through him!은 수사의문문으로서 "그를 통하여 하나님의 진노로부터 우리는 훨씬 더 많이 구원을 받게 될 것이다"는 뜻이다.

의역 그러면 이제 우리가 그 피를 인하여 의롭다하심을 얻었은즉 더욱 그로 말미암아 진노하심에서 구원을 얻을 것이니

---

2 What, then, shall we say in response to this? If God is for us, who can be against us?

(롬8:31)

직역 그렇다면, 이것에 응하여 우리는 무엇을 말할 것인가? 만약 하나님이 우리편이라면, 누가 우리에게 대항할 수 있단말인가?

핵심구조 who(주어) + can + be(동사) + against us?

단어 및 숙어의 확장 in response to: ~에 응하여 / for ~의 편 / against ~에 대적하는

해설 who는 의문사이면서 동시에 주어이다. "누가 우리에게 대적할 수 있겠느냐?"는 수사의문문으로서 "Nobody can be against us," 즉 "아무도 우리에게 대적할 수 없다"는 뜻이다.

의역 그런즉 이 일에 대하여 우리가 무슨 말 하리요 만일 하나님이 우리를 위하시면 누가 우리를 대적하리요

---

3 He who did not spare his own Son, but gave him up for us all—how will he not also, along with him, graciously give us all things?

(롬8:32)

직역 자신의 아들을 아끼지 않고 우리 모두를 위해서 그를 포기하셨던 그는—또한 그와 더불어서 모든 것을 은혜롭게 우리들에게 주지 않겠느냐?

핵심구조 how + will he not also + give + us + all things?

단어 및 숙어의 확장 spare 동사 아끼다 / graciously 형용사 은혜롭게 / give up 포기하다

"어떻게 그는 또한 우리에게 모든 것을 주지 않겠느냐?"는 수사의문문으로서 "He will also give us all things.(그는 또한 우리에게 모든 것을 주실 것이다)"는 뜻이다.

의역 자기 아들을 아끼지 아니하시고 우리 모든 사람을 위하여 내여 주신 이가 어찌 그 아들과 함께 모든 것을 우리에게 은사로 주지 아니하시겠느뇨

---

4 Who will bring any charge against those whom God has chosen? It is God who justifies.   (롬8:33)

직역 누가 하나님이 선택해오셨던 자들에게 대항하여 비난을 가져오겠느냐? 심판하는 자는 하나님이다.

핵심구조 Who (주어) + will + 동사 bring + ～.?

단어 및 숙어의 확장 charge 명사 비난 / justify 동사 심판하다, 판단하다

해설 ① "누가 하나님이 선택한 자들을 대항하여 비난하겠느냐?"는 수사의문문으로서 "Nobody will bring any charge against those whom God has chosen.(아무도 하나님이 선택한 자들에게 대항할 수 없을 것이다)"는 뜻이다. ② It is God who justifies. 는 It～that 강조구문으로서 God을 강조하고 있다. 이때 that 대신에 who가 쓰였다. ③ those 다음에는 people이 생략돼 있다.

의역 누가 능히 하나님의 택하신 자들을 송사하리요 의롭다 하신 이는 하나님이시니

성경해설 '택하신': 성경에는 하나님의 선택 역사가 여러 번 나온다. 하나님은 이스라엘을 민족적으로 선택하셨고(신4:37) 특별한 직무와 봉사에 합당한 인물들을 선택하셨다(삼상10:24) 그러나 더욱 중요한 선택은 구원받을 자를 하나님의 자녀로 삼으신 일이다 (엡1:4, 11)

---

5 For in this hope we were saved. But hope that is seen is no hope at all. Who hopes for what he already has?   (롬8:24)

직역 이러한 희망으로 우리는 구원받았다. 그러나 보여지는 희망은 전혀 희망이 아니다. 이미 가진 것에 대해서 누가 희망하겠느냐?

핵심구조 Who (주어) + 동사 hopes + ～?

단어 및 숙어의 확장 not～at all 전혀～이 아니다 / save 동사 구원하다 (be saved 구원받다)

해설 ① Who hopes for what he already has? 는 수사의문문으로서 '이미 가진 것에 대해서 희망을 지니는 자는 아무도 없다'라는 뜻이다. ② what은 관계대명사로서 the thing which로 바꿀 수 있다. ③ hope와 seen 사이에 주격관계대명사 that과 be동사 is가 생략되지 않은 채 그대로 쓰여 있다.

의역 우리가 소망으로 구원을 얻었으매 보이는 소망이 소망이 아니니 보는 것을 누가 바라리요

---

6 And how can they preach unless they are sent? As it is written, "How beautiful are the feet of those who bring good news!"

(롬10:15)

직역 그들이 보내지지 않는다면 어떻게 설교할 수 있을까? 다음과 같이 쓰여진 것과 같다, "복음을 가지고 오는 자들의 발은 참으로 아름답구나!"

핵심구조 How + can + 주어 they + 동사 preach

단어 및 숙어의 확장 unless=if～not 만약～하지 않는다면 / send-sent-sent / good news 복음(=gospel)

해설 ① "보냄을 받지 않고서는 설교할 수 없다. 즉 가야만 설교할 수 있다"는 뜻의 수사의문문이다. ② those 다음에 people이 생략돼 있다.

의역 보내심을 받지 아니하였으면 어찌 전파하리요 기록된바 아름답도다 좋은 소식을 전하는 자들의 발이여 함과 같으니라

---

7 How, then, can they call on the one they have not believed in? And how can they believe in the one of whom they have not heard? And how can they hear without someone preaching to them?

(롬10:14)

직역 그러면, 그들이 믿어본 적이 없는 사람을 어떻게 방문할 수 있겠는가? 그들이 들어본 적도 없는 자들 중의 한명을 어떻게 믿을 수 있겠는가? 그들에게 설교

하는 사람도 없는데 어떻게 들을 수 있겠는가?

핵심구조 How + can + 주어 they + 동사 call / hear

단어 및 숙어의 확장 believe in (~의 존재를) 믿다

해설 ① "믿지 않은 사람을 그들은 방문할 수 없고 들어본 적이 없는 사람을 믿을 수도 없으며 자신들에게 설교하는 사람이 없으면 들을 수도 없다"는 뜻의 수사의문문이다. ② the one과 they 사이에 목적격관계대명사 that이나 whom이 생략돼 있다. ③ preaching은 someone을 꾸며주는 현재분사이다.

의역 그런즉 저희가 믿지 아니하는 이를 어찌 부르리요 듣지도 못한 이를 어찌 믿으리요 전파하는 자가 없이 어찌 들으리요

---

8 But who are you, O man, to talk back to God? "Shall what is formed say to him who formed it, 'Why did you make me like this?'"

(롬9:20)

직역 그러나 오 사람아, 하나님에게 말대꾸하는 너는 누구냐? "만들어진 것이 그것을 만든 그에게 이렇게 말하는가? '왜 당신은 나를 이처럼 만들어놓았소?'"라고

핵심구조 Why + did + 주어 you + 동사 make

단어 및 숙어의 확장 form 동사 만들다, 형성하다 / talk back (to)말대꾸하다, (시청자, 독자 등이) 반응하다, 답하다

해설 ① "지음을 받은 물건은 지은 자에게 왜 나를 이렇게 만들었소?"라고 말할 수 없다는 뜻의 수사의문문이다. ② what은 관계대명사로서 the thing which로 바꿀 수 있다.

의역 이 사람아 네가 뉘기에 감히 하나님을 힐문하느뇨 지음을 받은 물건이 지은 자에게 어찌 나를 이같이 만들었느냐 말하겠느뇨

성경해설 '힐문하느뇨': ①주로 상대방의 불의나 거짓 때문에 이에 대해서 맞서는 행위나 말을 가리킨다 ②'맞대어 대답하다'의 뜻으로 유한하고 죄 많고 어리석은 인간이 감히 하나님께 대항하는 것이 얼마나 어리석은 가를 나타내는 표현이다 (욥42:1-6)

9　Does not the potter have the right to make out of the same lump of clay some pottery for noble purposes and some for common use?

(롬9:21)

> 직역　도공은 똑같은 진흙덩어리로부터 고상한 목적과 평범한 용도를 위한 어떤 도자기를 만들 권리가 없다는 것이냐?
>
> 핵심구조　Does not + 주어 the potter + 동사 have~
>
> 단어 및 숙어의 확장　potter 명사 토기장이 / pottery 명사 토기, 질그릇 / lump 명사 한 덩어리, 뭉치, 혹 / clay 명사 진흙
>
> 해설　토기장이는 진흙덩어리로 자신이 원하는 고상한 목적을 위해서 토기를 만들 권리가 있고 평범한 용도를 위하여 토기를 만들 권리가 있다는 뜻의 수사의문문이다.
>
> 의역　토기장이가 진흙 한 덩이로 하나는 귀히 쓸 그릇을, 하나는 천히 쓸 그릇을 만드는 권이 없느냐
>
> 성경해설　'권(right)': 선택의 자유, 권리, 능력을 뜻한다. 주로 높은 지위의 사람에게 속한 절대적 권세를 가리킨다(눅20:20)(계17:12)

10　Who is he that condemns? Christ Jesus, who died—more than that, who was raised to life—is at the right hand of God and is also interceding for us.

(롬8:34)

> 직역　비난하는 자는 누구냐? 죽으셨던—그보다도 더한 것은, 부활하셨던 예수 그리스도는—하나님의 오른편에 계시며 또한 우리를 위하여 중재하시는 중이다
>
> 핵심구조　Who + 동사 is + 주어 he + that condemns?
>
> 단어 및 숙어의 확장　intercede 동사 간구하다, 중재하다 / be raised to life 부활하다 / condemn 동사 비난하다, 정죄하다
>
> 해설　① "누가 그를 정죄하리요?"는 "Nobody can condemn him.(아무도 그를 정죄하지 못한다)"의 뜻이다. ② he 다음의 that은 주격관계대명사이다. ③ than 다음의 that은 지시대명사이다.
>
> 의역　누가 정죄하리요 죽으실 뿐 아니라 다시 살아나신 이는 그리스도 예수시니 그는 하나님 우편에 계신 자요 우리를 위하여 간구하시는 자시니라

11 Who shall separate us from the love of Christ? Shall trouble or hardship or persecution or famine or nakedness or danger or sword?

(롬8:35)

> **직역** 누가 우리를 그리스도의 사랑과 따로 떼어놓을 수 있으리오? 환난이나 곤고나 박해나 기근이나 헐벗음이나 위험이나 칼이 그럴 수 있으리오?
>
> **핵심구조** Who + shall + 동사 separate + 목적어 us ~.?
>
> **단어 및 숙어의 확장** separate 동사 따로 떼어놓다 / trouble 명사 환난 / hardship 명사 곤고 / persecution 명사 핍박 / famine 명사 기근 / nakedness 명사 헐벗음
>
> **해설** "누가 우리를 그리스도의 사랑과 따로 떼어놓을 수 있으리오?"는 "Nobody shall separate us from the love of Christ.(아무도 우리를 그리스도의 사랑과 따로 떼어놓을 수 없을 것이다)"는 뜻의 수사의문문이다.
>
> **의역** 누가 우리를 그리스도의 사랑에서 끊으리요 환난이나 곤고나 핍박이나 기근이나 적신(赤身)이나 위험이나 칼이랴
>
> **성경해설** '끊으리요': '가운데 공간을 만들다'는 뜻이다. 반어법적 의문사를 사용하여 그리스도와 성도의 굳건한 연합을 보여준다 / '적신': 박해받는 성도의 헐벗고 굶주린 상태

12 But if their transgression means riches for the world, and their loss means riches for the Gentiles, how much greater riches will their fullness bring!

(롬11:12)

> **직역** 그러나 만약 그들의 위반이 세상을 위한 부요함을 의미하고 그들의 손실이 이방인을 위한 부요함이 된다면, 그들의 충만함은 얼마나 더 많은 부요함을 가져올 것이냐!
>
> **핵심구조** how much greater riches + will + 주어 fullness + 동사
>
> **단어 및 숙어의 확장** transgression 명사 위반 / fullness 명사 충만함
>
> **해설** "그들의 충만함은 얼마나 더 많은 부요함을 가져다 줄 것이냐!"는 "그들이 충만해지면 참으로 더 많은 부요함이 올 것이다"는 뜻으로 수사의문문이다.

의역 저희의 넘어짐이 세상의 부요함이 되며 저희의 실패가 이방인의 부요함이 되거든 하물며 저희의 충만함이리요

성경해설 '저희의 충만함이리요': 이스라엘 전체가 구원을 받는 날에는 그 축복이 얼마나 엄청나겠습니까? (공동번역)

13 For if their rejection is the reconciliation of the world, what will their acceptance be but life from the dead? (롬11:15)

직역 만약 그들의 거절이 세상의 화해라면, 그들의 수용은 오직 죽은 자들로부터 살아나는 것 외에 무엇이 될 것인가?

핵심구조 what + will + 주어 their acceptance + 동사 be

단어 및 숙어의 확장 For=because / reconciliation 명사 화해 / but=only / the dead= dead people

해설 "그들이 거절하는 것이 세상과 화목한 일이 된다면 그 받아들이는 일은 죽은 자들 사이에서 살아나는 것과 다름이 없을 것"이라는 뜻의 수사의문문이다.

의역 저희를 버리는 것이 세상의 화목이 되거든 그 받아들이는 것이 죽은 자 가운데서 사는 것이 아니면 무엇이리요

14 After all, if you were cut out of an olive tree that is wild by nature, and contrary to nature were grafted into a cultivated olive tree, how much more readily will these, the natural branches, be grafted into their own olive tree ! (롬11:24)

직역 결국, 네가 본래 야생인 올리브 나무로부터 잘려나가고 자연에 반대하여 재배된 올리브 나무로 접복된다면, 얼마나 더 쉽사리 이 천연의 가지들이 그들 자신의 올리브나무로 접목되겠느냐!

핵심구조 how much more~. their own olive tree !

단어 및 숙어의 확장 after all 결국 / by nature 태어날 때부터, 본래 (honest by nature 천성이 정직한) / contrary to ~에 반대로 / cultivated 형용사 배양된, 양식된, 재배된 / cultivate 동사 배양하다, 재배하다 / readily 부사 즉시, 쉽사리, 이의

없이, 기꺼이, 쾌히

해설 ① how much부터 their own olive tree! 까지는 수사의문문이다. "천연가지들은 매우 쉽사리 자신의 올리브나무로 접목될 것이다" ② olive tree와 wild 사이에 주격관계대명사 that과 be동사 is가 생략되지 않은 채 그대로 쓰여 있다.

의역 네가 원 돌감람나무에서 찍힘을 받고 본성을 거스려 좋은 감람나무에 접붙임을 얻었은즉 원가지인 이 사람들이야 얼마나 더 자기 감람나무에 접붙이심을 얻으랴

08

those who (~하는 사람들)

those 다음에는 people이 생략되어 있고 those people 다음에 오는 who는 관계대명사의 주격으로 바로 다음에 동사가 와야 한다.

예문1 Those who were present were all pleased at the news.
(참석했던 사람들은 그 소식을 듣고 모두 기뻐하였다.)

예문2 There are those who say so. (그렇게 말하는 사람들이 있다.)

---

1 Bless those who persecute you; bless and do not curse. (롬12:14)

직역 너를 박해하는 사람들을 축복해라; 축복하고 저주하지 마라

핵심구조 those + who + 동사 persecute

단어 및 숙어의 확장 persecute 동사 박대하다, 핍박하다 / curse 동사 저주하다

해설 those 다음에는 people이 생략돼 있다.

의역 너희를 핍박하는 자를 축복하라 축복하고 저주하지 말라

2 Rejoice with those who rejoice; mourn with those who mourn.

(롬12:15)

> 직역 즐거워하는 자들과 더불어 즐거워해라; 슬퍼하는 사람들과 함께 슬퍼해라
>
> 핵심구조 those + who + 동사 rejoice
>
> 단어 및 숙어의 확장 rejoice in ~을 즐거워하다 / mourn 동사 슬퍼하다
>
> 해설 those 다음에는 people이 생략돼 있다.
>
> 의역 즐거워하는 자들로 함께 즐거워하고 우는 자들로 함께 울라

3 Greet Apelles, tested and approved in Christ. Greet those who belong to the household of Aristobulu.

(롬16:10)

> 직역 그리스도 안에서 시험받고 인정받은 아펠즈에게 문안하라. 아리스토부루의 집 안에 속한 사람들에게 문안하라
>
> 핵심구조 those + who + 동사 belong
>
> 단어 및 숙어의 확장 belong to ~에 속하다 / household 명사 집안, 권속, 일가, 가구
>
> 해설 ① those 다음에 people이 생략돼 있다. ② tested and approved 앞에는 주격관계대명사 that is가 생략돼 있다.
>
> 의역 그리스도 안에서 인정함을 받은 아벨레에게 문안하라 아리스도불로의 권속에게 문안하라
>
> 성경해설 '인정함을 받은': 시련과 환난에 의해 연단을 받은, 무척 고생을 많이 한

4 Now we know that God's judgment against those who do such things is based on truth.

(롬2:2)

> 직역 이제 우리는 안다 그러한 일을 행하는 사람들에 대한 하나님의 심판은 진리에 토대를 둔다는 것을
>
> 핵심구조 those + who + 동사 do
>
> 단어 및 숙어의 확장 be based on ~에 토대를 두다 / judgment 명사 심판, 판단

5 To <u>those who</u> by persistence in doing good seek glory, honor and immortality, he will give eternal life. (롬2:7)

직역 선을 행하는 데에 있어서 꾸준히 영광, 명예 그리고 불멸을 추구하는 사람들에게 그는 영생을 줄 것이다

핵심구조 those + who + 동사 seek

단어 및 숙어의 확장 persistence 명사 끈덕짐, 고집, 완고, 영속, 지속성, 지구력 / by persistence 꾸준히 / / immortality 불멸 (↔mortality 죽을 운명) morality 도덕성 (↔immorality 부도덕성)(moral 도덕적인↔immoral 부도덕한) / seek 동사 추구하다

해설 those 다음에 people이 생략돼 있다.

의역 참고 선을 행하여 영광과 존귀와 썩지 아니함을 구하는 자에게는 영생으로 하시고

성경해설 고넬료 (행10:2): "경건한 사람으로 온 집안과 더불어 하나님을 두려워하고 백성을 많이 구제하며"~고넬료는 이방인인데 고넬료의 선한 행위에 대해 언급한 내용이다

6 <u>Those who</u> live according to the sinful nature have their minds set on what that nature desires; but <u>those who</u> live in accordance with the Spirit have their minds set on what the Spirit desires. (롬8:5)

직역 죄성에 따라서 사는 사람들은 그들의 마음을 그 죄성이 요구하는 데에 둔다. 그러나 성령과 조화를 이루어 사는 사람들은 그들의 마음을 성령이 요구하는 데에 둔다.

핵심구조 those + who + 동사 live

단어 및 숙어의 확장 according to ~에 따라서 / in accordance with ~에 일치하여,

~조화를 이루어 / those who ~하는 사람들 / sinful nature 죄성(罪性)

해설 ① those 다음에는 people이 생략돼 있다. ② nature 앞의 that은 nature를 꾸며주는 지시형용사이다. ③ what은 관계대명사로서 the thing which로 바꿀 수 있다.

의역 육신을 좇는 자는 육신의 일을, 영을 좇는 자는 영의 일을 생각하나니

09 관계대명사의 계속적 용법

1. 관계대명사에는 who, which, that, what이 있다. 관계대명사 바로 앞에 오는 명사를 선행사라고 한다. 관계대명사의 격(주격, 소유격, 목적격)을 다음의 표로 살펴보자.

선행사	주격	소유격	목적격
사람	who	whose	whom
사물, 동물	which	whose of which	which
사람, 사물, 동물	that	_____	that
선행사 포함	what	_____	what

2. 관계대명사의 용법에는 두 가지가 있다.

1) 제한적용법: 관계대명사의 뒷부분부터 해석한다.

예문 He has a friend. / He lives in Venice.

위 두 문장을 관계대명사로 엮어서 한 문장으로 만들어보자.
a friend와 뒷문장의 He와 같기 때문에 그리고 He는 주격이므로

예문 He has a friend who lives in Venice.
(그에게는 베네치아에 살고 있는 친구가 있다.)

2) 계속적용법: 문장의 앞부분부터 해석한다. / 관계대명사 앞에 comma (,)가 온다.

예문 He has a friend, who lives in Venice.
(그에게는 친구가 한 명 있는데, 그는 베네치아에 산다.)

〈베네치아〉

■ 관계대명사 that과 what은 계속적용법이 없다. 따라서 that이나 what의 바로 앞에 comma (,)가 올 수 없다. [,that (x) / ,what (x)]

■ 관계대명사 계속적용법은 관계대명사 바로 앞에 comma(,)가 오며, 이 부분을 '접속사(and, but, for, though)+대명사(he, she, it, we, you, they)'로 바꿀 수 있다.

계속적용법의 몇 가지 예를 살펴보자.

예문1 He has two daughters, who became doctors.
(그에게는 딸이 둘 있는데, 둘 다 의사가 되었다.)
[딸이 두 명 있는데, 두 사람 다 의사가 되었다는 뜻]
,who를 '접속사+대명사'로 바꾸면, and they가 된다. 이 문장을 다시 쓰면, He has two daughters, and they became doctors.가 된다.

예문2 Everyone likes Youngsun, who is kind.
(모든 사람이 영선이를 좋아하는데, 왜냐하면 그녀가 친절하기 때문이다.)
,who를 다시 고치면 for she가 된다. 이때 'for'는 '왜냐하면'의 뜻이다. 이 문장을 다시 쓰면, Everyone likes Youngsun, for she is kind가 된다.

예문3 The man, who is young, is very wise.
(비록 어리지만 그 사람은 매우 지혜롭다.)
,who를 다시 고치면 though he가 된다. 이때 'though'는 '비록~하지만'의 뜻이
다. 이 문장을 다시 쓰면, The man, though he is young, is very wise.가 된다.

---

1 Greet Mary, who worked very hard for you.　　　　　(롬16:6)

직역 마리아에게 문안하라, 왜냐하면, 그녀는 너희를 위해 매우 열심히 일했기 때문
이다

핵심구조 ,who

해설 ,who는 계속적용법의 관계대명사로서 'for she'로 바꿀 수 있다.

의역 너희를 위하여 많이 수고한 마리아에게 문안하라

---

2 Greet Ampliatus, whom I love in the Lord.　　　　　(롬16:8)

직역 앰플러투스에게 문안하라, 왜냐하면 내가 주 안에서 그를 사랑하기 때문이다

핵심구조 ,whom

해설 ,whom은 계속적용법의 관계대명사로서 'for him'으로 바꿀 수 있다. 이 문장을
두 개로 나눠보자. 1) Greet Ampliatus. 2) I love him in the Lord.
mpliatus와 him이 같으므로 him 대신 whom을 넣어준다. Greet Ampliatus, and
I love him in the Lord.가 된다. 여기에서 ,and와 him을 관계대명사 목적격
,whom으로 바꾸면 된다. Greet Ampliatus, whom I love in the Lord.

의역 또 주 안에서 내 사랑하는 암블리아에게 문안하라

---

3 Greet Rufus, chosen in the Lord, and his mother, who has been
a mother to me, too.　　　　　(롬16:13)

직역 주님 안에서 선택된 루퍼스에게 문안하라 왜냐하면 그 여자는 나에게도 어머니
였기 때문이다

핵심구조 ,who

단어 및 숙어의 확장 greet 동사 인사하다, 문안하다 / choose 동사 선택하다

(choose-chose-chosen)

해설 ① ,who는 관계대명사의 계속적 용법으로서 접속사+대명사로 바꾸면, for she가 된다. ② chosen 앞에는 주격관계대명사 that과 is가 생략돼 있다.

의역 주 안에서 택하심을 입은 루포와 그 어머니에게 문안하라 그 어머니는 곧 내 어머니니라

**16장 17절에서 20절까지: 분파주의에 대한 경계~ 본 서신의 말미에 이르러 바울은 특별히 복음을 탐욕충족의 수단으로 여기고 유기적 통일체로서의 그리스도의 몸된 교회에 분열을 획책하는 세력들을 엄히 경계한다 / 로마교회에는 소수의 무리가 있었다. 즉 1) 유대주의적 신자들 2) 반율법주의자들 3) 영지주의적 분파이다.

---

4 And we know that in all things God works for the good of those who love him, <u>who</u> have been called according to his purpose.

(롬8:28)

직역 우리는 안다 모든 것들에서 하나님이 그를 사랑하는 자들의 선을 위하여 일하신다는 것을, 왜냐하면 그들은 그의 목적에 따라서 소명을 받아왔기 때문이다

핵심구조 ,who

단어 및 숙어의 확장 be called 〔동사〕 소명을 받다 / according to ~에 따라서 / purpose 〔명사〕 목적

해설 ① ,who는 관계대명사의 계속적용법으로 '접속사+대명사'로 바꾸면 'for they'가 된다. ② those 다음에는 people이 생략돼 있다. ③ that은 종속접속사이다.

의역 우리가 알거니와 하나님을 사랑하는 자 곧 그 뜻대로 부르심을 입은 자들에게는 모든 것이 합력하여 선을 이루느니라

---

5 Theirs are the patriarchs, and from them is traced the human ancestry of Christ, <u>who</u> is God over all, forever praised! Amen.

(롬9:5)

직역 그들의 것은 족장이며, 그들로부터 그리스도의 인간적 조상의 흔적이 있다. 그리스도는 온통 하나님이시고 영원히 찬양받으실 분이기 때문이다! 아멘

단어 및 숙어의 확장 patriarch 명사 가장, 족장 (patriarchs: ①야곱의 12아들 ②이스라엘민족의 조상(아브라함, 이삭, 야곱과 그 선조) / trace 동사 기원을 조사하다, 더듬어 올라가다, ~의 흔적을 발견하다 / ancestry 명사 조상

해설 ,who는 관계대명사의 계속적용법으로서 '접속사+대명사'로 바꾸면 for he 가된다.

의역 조상들도 저희 것이요 육신으로 하면 그리스도가 저희에게서 나셨으니 저는 만물 위에 계셔 세세에 찬양을 받으실 하나님이시니라 아멘

---

6 God, whom I serve with my whole heart in preaching the gospel of his Son, is my witness how constantly I remember you in my prayers at all times;   (롬1:9)

직역 내가 그의 아들의 복음을 가르치는 일에 있어서 온마음으로 그를 섬기는, 하나님은 내가 항상 내 기도 중에 너희를 얼마나 꾸준히 기억하는지에 대한 나의 증인이다

핵심구조 ,whom

단어 및 숙어의 확장 witness 증인 / at all times 항상, 언제나

해설 ,whom은 계속적용법으로 두 개의 문장으로 바꾸면, God is my witness~.와 I serve him with my whole heart in preaching the gospels of his Son.이 된다. →God is my witness and I serve him with my whole heart in preaching the gospels of his Son.→ and him이 ,whom으로 바뀐다. God is my witness, whom I serve with my whole~

의역 내가 그의 아들의 복음 안에서 내 심령으로 섬기는 하나님이 나의 증인이 되시거니와 항상 내 기도에 쉬지 않고 너희를 말하며

성경해설 "쉬지 말고 기도하라"(살전5:17): 기도하는 일을 게을리하지 마라

---

7 Gaius, whose hospitality I and the whole church here enjoy, sends you his greetings. Erastus, who is the city's director of public works, and our brother Quartus send you their greetings.   (롬16:23)

직역	나와 이곳의 모든 교회가 즐기는 가아우스의 환대는 너희에게 그의 문안인사를 보낸다. 공적인 일의 도시과장인 에라스투수와 우리 형제 퀴투스가 너희에게 그들의 문안인사를 보낸다
핵심구조	,whose + 명사 hospitality
단어 및 숙어의 확장	hospitality 명사 환대, 후한 대접, 무료식사제공
해설	,whose는 관계대명사의 소유격으로서 바로 다음에 명사 hospitality가 왔다. 이해하기 쉽게 문장을 풀어보자. I and the whole church here enjoy his hospitality가 된다. 여기에서 and his가 소유격 ,whose로 된 것이다.
의역	나와 온 교회 식주인(食主人) 가이오도 너희에게 문안하고 이 성의 재무 에라스도와 너희에게 문안하고 이 성의 재무 에라스도와 형제 구아도도 너희에게 문안하느니라
성경해설	'식주인': 관대와 친절을 베풀어 준 집주인 (롬16:24) 영어부분이 없음 (NIV 영어원문에도 원문이 없고 번역본의 우리말부분에는 (없음)이라고 표기돼 있음

8 Nevertheless, death reigned from the time of Adam to the time of Moses, even over those who did not sin by breaking a command, as did Adam, who was a pattern of the one to come.　(롬5:14)

직역	그럼에도 불구하고, 죽음은 아담의 시대로부터 모세의 시대까지 지배하였다, 심지어 계명을 깨뜨림으로써 죄를 짓지 않는 사람들에게까지도, 아담이 그랬듯이, 그는 다가올 사람의 패턴이었기 때문이다
핵심구조	,who
단어 및 숙어의 확장	reign 동사 군림하다, 지배하다, 세력을 떨치다 / from A to B: A로부터 B까지
해설	① ,who는 계속적 용법으로서 접속사+대명사로 바꾸면, for he가 된다. ② those 다음에는 people이 생략돼 있다.
의역	그러나 아담으로부터 모세까지 아담의 범죄와 같은 죄를 짓지 아니한 자들 위에도 사망이 왕노릇 하였나니 아담은 오실 자의 표상이라
성경해설	표상: 전형 또는 모형, 실제와는 달리 모본으로 제시된 것

10 관계대명사 what

관계대명사 what은 따로 선행사가 있는 것이 아니라, 자신이 선행사를 갖고 있다. 따라서 관계대명사 what은 the thing which로 바꿔 쓸 수 있다.

예문1 Sit quietly and see <u>what</u> Jesus has to say to you.
(조용히 앉아서 예수님이 너에게 말해야만 하는 것을 보라.) [what=the thing which]

예문2 The fishermen did <u>what</u> Jesus told them.
(어부들은 예수님이 그들에게 말씀하신 대로 했다.) [what=the thing which]

예문3 Chanyang misinterpreted <u>what</u> he saw.
(찬양이는 자신이 본 것을 잘못 통역했다.) [what=the thing which]

예문4 He did not fully understand <u>what</u> had happened.
(그는 일어난 일을 완전히 이해하지 못했다.) [what=the thing which]

---

1 God will give to each person according to <u>what</u> he has done.

(롬2:6)

직역 하나님은 각 자에게 주실 것이다 그가 행한 것에 따라서

핵심구조 what + 주어 he + 동사 has done

단어 및 숙어의 확장 according to ~에 따라서

해설 what은 관계대명사로서 the thing which로 바꿀 수 있다.

의역 하나님께서 각 사람에게 그 행한 대로 보응하시되

성경해설 여기서부터 '행위구원'에 관련되던 시대상황이 개진된다. 노아때로부터 그리스도의 때까지 주님께서는 이방인 민족들의 행위를 주의깊게 관찰하셨다. '각 사람'이란 이방인을 지칭함

---

2 And if I do <u>what</u> I do not want to do, I agree that the law is good.

(롬7:16)

직역 만약 내가 하고 싶지 않은 일을 한다면, 나는 동의한다 율법이 선하다는 것을

핵심구조 what + 주어 I + 동사 do not want

단어 및 숙어의 확장 agree 동사 동의하다

해설 ① what은 관계대명사로서 the thing which로 바꿀 수 있다. ② that은 종속접속사이다.

의역 만일 내가 원치 아니하는 그것을 하면 내가 이로 율법의 선한 것을 시인하노니

---

3 Love must be sincere. Hate <u>what</u> is evil; cling to <u>what</u> is good.

(롬12:9)

직역 사랑은 진지해야만 한다. 악한 것을 미워하고 선한 것을 고수해라

핵심구조 what (주어) + 동사 is

단어 및 숙어의 확장 sincere 형용사 진지한, 신실한, 성실한 / hate 동사 미워하다 / cling to ~에 매달리다, 고수하다, 지키다

해설 what은 자체가 주어인 관계대명사로서 the thing which로 바꿀 수 있다.

의역 사랑엔 거짓이 없나니 악을 미워하고 선에 속하라

---

4 Do not allow <u>what</u> you consider good to be spoken of as evil.

(롬14:16)

직역 허락하지 마라 네가 선이라고 생각한 것을 악으로 말 되어지도록

핵심구조 what + 주어 you + 동사 consider

단어 및 숙어의 확장 allow + 목적어(what you consider good) + to + R (be)

해설 what은 관계대명사로서 the thing which로 바꿀 수 있다.

의역 그러므로 너희의 선한 것이 비방을 받지 않게 하라

5 I do not understand what I do. For what I want to do I do not do, but what I hate I do. (롬7:15)

직역 나는 이해하지 않는다 내가 한 일을. 왜냐하면 내가 하기를 원하는 일을 나는 하지 않고, 내가 싫어하는 일을 내가 하기 때문이다

핵심구조 what + 주어 I + 동사 want
what + 주어 I + 동사 hate

단어 및 숙어의 확장 hate 동사 싫어하다, 미워하다

해설 ① what은 관계대명사로서 the thing which로 바꿀 수 있다. ② For는 because의 뜻이다. ③ 도치된 문장이다. 바르게 쓰면 다음과 같다. For I do not do what I want to do, but I do what I hate. (나는 내가 하기를 워하는 것을 하지 않고 내가 미워하는 것을 하기 때문이다)

의역 나의 행하는 것을 내가 알지 못하노니 곧 원하는 이것은 행하지 아니하고 도리어 미워하는 그것을 함이라

6 Do not repay anyone evil for evil. Be careful to do what is right in the eyes of everybody. (롬12:17)

직역 악에 대해서 그 누구에게도 악으로 갚지 마라. 모든 사람이 보는 앞에서 옳은 것을 행하도록 주의해라

핵심구조 what + is

단어 및 숙어의 확장 repay 동사 갚다 / be careful ~에 주의하라

해설 what은 관계대명사로서 the thing which로 바꿀 수 있다.

의역 아무에게도 악으로 악을 갚지 말고 모든 사람 앞에서 선한 일을 도모하라

성경해설 '도모하라': 앞서 계획하고 실행하라

---

7 For what I do is not the good I want to do; no, the evil I do not want to do—this I keep on doing. (롬7:19)

직역 내가 하는 일은 내가 하기를 원하는 선이 아니다. 아니다, 내가 하기를 원하지 않는 악—이것을 나는 계속해서 하고 있다

핵심구조 what + 주어 I + 동사 do

단어 및 숙어의 확장 evil 명사 악 / keep on ~ing 계속해서 ~하다

해설 ① what은 관계대명사로서 the thing which로 바꿀 수 있다. ② the good과 I 사이에는 목적격관계대명사 that 또는 which가 생략돼 있다. the evil과 I 사이에도 목적격관계대명사 that 또는 which가 생략돼 있다. ③ this I keep on doing은 도치된 문장으로서 바르게 배치하면 다음과 같다. I keep on doing this. ④ For는 because의 뜻이다.

의역 내가 원하는바 선은 하지 아니하고 도리어 원치 아니하느바 악은 행하는도다

---

8 Now if I do what I do not want to do, it is no longer I who do it, but it is sin living in men that does it. (롬7:20)

직역 내가 하기를 원하지 않는 일을 한다면, 그것을 하는 자는 더 이상 내가 아니라, 그것을 행하는 것은 인간의 안에 살고 있는 죄이다

핵심구조 what + 주어 I + 동사 do

단어 및 숙어의 확장 no longer 더 이상 ~하지 않다

해설 ① what은 관계대명사로서 the thing which로 바꿀 수 있다. ② men 다음의 that은 주격관계대명사이다. ③ living은 제한적 현재분사로서 sin을 꾸며준다. ④ it is no longer I who do it, but it is sin living in men that does it.은 it ~ that ~ 강조구문이다.

의역 만일 내가 원치 아니하는 그것을 하면 이를 행하는 자가 내가 아니요 내 속에 거하는 죄니라

9 But who are you, O man, to talk back to God? "Shall <u>what</u> is formed say to him who formed it, 'Why did you make me like this?'"

(롬9:20)

> **직역** 그러나 오 사람아, 하나님에게 말대꾸하는 너는 누구냐? "만들어진 것이 그것을 만든 그에게 이렇게 말하는가? '왜 당신은 나를 이처럼 만들어놓았소?'라고
>
> **핵심구조** what(주어) + 동사 is formed
>
> **단어 및 숙어의 확장** form 동사 만들다, 형성하다 / talk back (to)말대꾸하다, (시청자, 독자 등이) 반응하다, 답하다
>
> **해설** what은 관계대명사로서 the thing which로 바꿀 수 있다.
>
> **의역** 이 사람아 네가 뉘기에 감히 하나님을 힐문하느뇨 지음을 받은 물건이 지은 자에게 어찌 나를 이같이 만들었느냐 말하겠느뇨
>
> **성경해설** '힐문하느뇨': ①주로 상대방의 불의나 거짓 때문에 이에 대해서 맞서는 행위나 말을 가리킨다 ②'맞대어 대답하다'의 뜻으로 유한하고 죄 많고 어리석은 인간이 감히 하나님께 대항하는 것이 얼마나 어리석은 가를 나타내는 표현이다 (욥42:1-6)

10 I know that nothing good lives in me, that is, in my sinful nature. For I have the desire to do <u>what</u> is good, but I cannot carry it out.

(롬7:18)

> **직역** 나는 안다 선한 것이 내 안에 살고 있지 않음을, 즉 나의 죄성에는. 왜냐하면 나는 선한 것을 하려는 욕구를 가지고 있으나 그것을 수행할 수 없기 때문이다
>
> **핵심구조** what (자체가 주어) + 동사 is
>
> **단어 및 숙어의 확장** sinful 형용사 죄가 있는, 죄성의 / sinful nature 죄성(罪性) / carry out 수행하다 / that is 즉
>
> **해설** ① what은 관계대명사로서 the thing which로 바꿀 수 있다. ② know 다음의 that은 종속접속사이다. ③ For는 because의 뜻이다.
>
> **의역** 내 속 곧 내 육신에 선한 것이 거하지 아니하는 줄을 아노니 원함은 내게 있으나 선을 행하는 것은 없노라

11

전치사 + 추상명사 = 부사(구)

> 전치사와 추상명사가 합하여 부사가 된다.
>
> **예1** on purpose=purposely   고의로, 의도적으로
>
> **예2** with ease=easily   쉽게, 용이하게
>
> **예3** with patience=patiently   인내심 있게, 참을성 있게, 끈기 있게
>
> **예4** in abundance=abundantly   풍부하게
>
> **예5** by mistake=mistakenly   실수로, 잘못하여, 오해하여
>
> **예6** by accident=accidentally   우연히

1   Be joyful in hope, patient in affliction, faithful in prayer. (롬12:12)

> **직역** 희망을 지니고 기뻐하며, 고난 속에서 인내하며, 기도로 믿음을 두텁게 해라
>
> **핵심구조** 전치사 in + 추상명사 hope
> 전치사 in + 추상명사 affliction
> 전치사 in + 추상명사 prayer
>
> **단어 및 숙어의 확장** in hope 희망을 갖고 / be joyful 즐거워하라 / (be) patient 참아라
> / affliction 명사 고난, 고통 / faithful 형용사 신앙심이 두터운, 독실한
>
> **해설** in hope=hopefully=희망을 갖고, in affliction=고난 속에서, in prayer=기도로

2 If it is possible, as far as it depends on you, live <u>at peace</u> with everyone.

(롬12:18)

직역 만약 가능하다면, 그것이 너에게 의존하는 한, 모든 사람과 평화롭게 지내라

핵심구조 전치사 at + 추상명사 peace

단어 및 숙어의 확장 as far as ~하는 한 / depend on ~에 의존하다

해설 at peace=peacefully=평화롭게

의역 할 수 있거든 너희로서는 모든 사람으로 더불어 평화하라

3 For the Lord will carry out his sentence on earth <u>with speed and finality."</u>

(롬9:28)

직역 왜냐하면 주님은 빠르게 그리고 마침내 지구에게 심판을 수행하실 것이기 때문이다

핵심구조 with + 추상명사 speed and finality

단어 및 숙어의 확장 For=because / carry out 수행하다 / sentence **명사** 심판, 판단, 선고

해설 with speed=speedily=속도 있게, 빠르게 / with finality=finally=마침내, 드디어

의역 주께서 땅 위에서 그 말씀을 이루사 필하시고 끝내시리라 하셨느니라

4 The creation waits <u>in eager expectation</u> for the sons of God to be revealed.

(롬8:19)

직역 피조물은 열렬한 기대를 지니고 하나님의 아들들이 드러나기를 기다린다

핵심구조 in + 추상명사 expectation

단어 및 숙어의 확장 creation **명사** 피조물 // wait for ~을 기다리다 / reveal **동사** 드러나다, 계시하다, 현현하다, 나타나다

5 Live in harmony with one another. Do not be proud, but be willing to associate with people of low position. Do not be conceited.

(롬12:16)

직역 서로 조화롭게 살아라. 자만하지 말고, 낮은 직위의 사람들과 기꺼이 어울려라. 젠 체하지 마라

핵심구조 전치사 in + 추상명사 harmony

단어 및 숙어의 확장 in harmony with ~와 조화롭게, 조화를 이루어 / be willing to~ 기꺼이 ~하다 / be associate with ~와 어울리다 / be conceited 자만심이 강하다, 젠 체하다, 우쭐하다

해설 in harmony with=조화롭게, 조화를 이루어

의역 서로 마음을 같이하며 높은 데 마음을 두지 말고 도리어 낮은 데 처하며 스스로 지혜 있는 체 말라

성경해설 '높은 데 마음을 두지 말고': 의기양양하거나 교만하지 말고 (오만한 생각을 버리고—공동번역) / 헛된 욕심을 버리고 각자의 은사에 맞게 겸손하라는 뜻 (잠3:7)

6 What if God, choosing to show his wrath and make his power known, bore with great patience the objects of his wrath—prepared for destruction?

(롬9:22)

직역 만약 하나님께서, 그의 분노를 보이며 그의 능력을 알리는 것을 선택하신 후, 파멸시키도록 준비된 그의 분노의 대상을 매우 참을성 있게 견디신다면 어찌 될까?

핵심구조 전치사 with + 형용사 great + 추상명사 patience

단어 및 숙어의 확장 wrath 명사 분노, 화 / with great patience=very patiently=매우 참을성 있게 / bear-bore-born 견디다 / destruction 명사 파멸, 파괴 what if(구어

체) (만약 과거에 이랬었다면 지금 어떻게 되었을까 하는) 가정(의 문제). 만약이라는 문제

해설 ① with patience=참을성 있게, with great patience=very patiently=매우 참을성 있게. 이때 great은 very의 뜻이다. ② ,choosing은 분사구문으로서 접속사+주어+동사로 바꾸면, after he chose가 된다. ③ what if ~하면(라면) 어찌될 것인가?, ~한다 하더라도 어쨌단 말인가, ~한들 상관없지 않은가? 예) What if we should fail? 만일 실패하면 어찌하나?(설마 실패하더라도 상관없지 않은가?)(실패할 리가 거의 없지만) ④ prepared는 wrath를 뒤에서 꾸며주는 제한적 용법의 과거분사이다.

의역 만일 하나님이 그 진노를 보이시고 그 능력을 알게 하고자 하사 멸하기로 준비된 진노의 그릇을 오래 참으심으로 관용하시고

---

7 Let us behave decently, as in the daytime, not <u>in orgies and drunkenness</u>, not <u>in sexual immorality and debauchery</u>, not <u>in dissension and jealousy</u>.

(롬13:13)

직역 낮에 그러하듯이, 우리로 하여금 점잖게 행동하게 해다오, 방탕과 주정으로가 아니고, 성적 부도덕과 방탕으로가 아니라, 분쟁과 질투로가 아니라

핵심구조 전치사 in + 추상명사 orgies and drunkenness
　　　　　 전치사 in + 추상명사 sexual immorality and debauchery
　　　　　 전치사 in + 추상명사 dissension and jealousy

단어 및 숙어의 확장 Let + 목적어(us) + R (behave) / decently 〔부사〕 단정하게 / orgy [ordʒi] 〔명사〕 흥정망청, 방탕 / debauchery [diːbɔːʧəri] 〔명사〕 방탕 / dissension 〔명사〕 의견차이, 불화의 씨 (pl) 알력, 분쟁 / jealousy 〔명사〕 질투

해설 ① in orgies and drunkenness=방탕과 주정으로 / in sexual immorality and debauchery=성적 부도덕과 방탕으로 / in dissension and jealousy=분쟁과 질투로 ② let + us + 동사원형 behave= ~하여금~하게 하다

의역 낮에와 같이 단정히 행하고 방탕과 술 취하지 말며 음란과 호색하지 말며 쟁투와 시기하지 말고

성경해설 '단정히 행하고': 위엄 있는, 고상한, 유력한 등의 뜻이 있는 이 말의 주된 의미는 '예절 있는 생활을 하는 것'이다

8 For by the grace given me I say to every one of you: Do not think of yourself more highly than you ought, but rather think of yourself <u>with sober judgment</u>, in accordance with the measure of faith God has given you.

(롬12:3)

직역 내게 주어진 은혜로 나는 너희 각자에게 말한다. 네 자신을 네가 해야만 하는 것보다 더 높이 평가하지 말고 오히려 네 자신을 건전하게 판단해라, 하나님이 네게 주셨던 믿음의 분량에 따라서

핵심구조 전치사 with + 추상명사 judgment

단어 및 숙어의 확장 sober 형용사 건전한 / in accordance with ~에 따라서, ~와 조화를 이루어 / highly 부사 매우, 아주, 높이 평가하여, 격찬하여

해설 ① with sober judgment는 전치사+추상명사로서 '건전하게 판단해서'의 뜻이다. ② faith와 God 사이에는 목적격관계대명사 that(which)가 생략돼 있다. ③ For는 because의 뜻이다. ④ grace와 given 사이에는 주격관계대명사 that(which)과 is가 생략돼 있다.

의역 내게 주신 은혜로 말미암아 너희 중 각 사람에게 말하노니 마땅히 생각할 그 이상의 생각을 품지 말고 오직 하나님께서 각 사람에게 나눠 주신 믿음의 분량대로 지혜롭게 생각하라

12

the + 형용사 = 복수보통명사

형용사 앞에 정관사 the가 오면 복수보통명사가 된다.

예1 the old=old people=나이 든 사람들

예2 the young=young people=젊은이들

예3 the rich=rich people=부자들

예4 the poor=poor people=가난한 사람들

예5 the kind=kind people=친절한 사람들

예6 the sick=sick people=아픈 사람들

예7 the righteous=righteous people=정의로운 사람들

1 You see, at just the right time, when we were still powerless, Christ died for the ungodly. (롬5:6)

직역 알다시피, 바로 그때에 우리가 아직 힘이 없을 때, 그리스도는 경건치 않은 자들을 위해 죽으셨다

핵심구조 the + 형용사 godly

단어 및 숙어의 확장 You see ~알다시피 / at just right time 바로 그때에 / powerless

|형용사| 힘이 없는, 무력한 / the ungodly=ungodly people=경건치 않은 자들

|해설| the+ungodly는 ungodly people을 의미한다.

|의역| 우리가 아직 연약할 때에 기약대로 그리스도께서 경건치 않은 자를 위하여 죽으셨도다

|성경해설| '기약대로': '기회' '시점' '적절한 때'라는 뜻으로 성경적으로는 하나님이 '미리 정하신 때'나 일이 발생되도록 '허락하신 때'를 가리킨다. 예수님은 철저하게 하나님이 정하신 때에 따라 살았다(막1:15)

---

2 We who are strong ought to bear with the failings of <u>the weak</u> and not to please ourselves. (롬15:1)

|직역| 강한 우리는 약한 자들의 실패를 견뎌내야만 하고 우리 자신을 기쁘게 해서는 안 된다

|핵심구조| the+형용사 weak

|단어 및 숙어의 확장| ought to=should=must=have to / bear |동사| 견디다, 참다 (stand)(endure)(put up with)(tolerate) / the weak=weak people / please |동사| 기쁘게 하다

|해설| the+weak 는 weak people을 의미한다.

|의역| 우리 강한 자가 마땅히 연약한 자의 약점을 담당하고 자기를 기쁘게 하지 아니할 것이라

|성경해설| '담당하고': 어떤 짐스러운 일을 감당하다, 참고 견디다

---

3 For Macedonia and Achaia were pleased to make a contribution for <u>the poor</u> among the saints in Jerusalem. (롬15:26)

|직역| 마케도니아와 아케이아가 예루살렘에 있는 성도들 중에서 가난한 자들을 위해 기부하는 것을 기뻐하였다

|핵심구조| the+형용사 poor

|단어 및 숙어의 확장| contribution |명사| 기부, 공헌

168 | 술술풀어가는 영어성경영문법(로마서)

① the + poor는 poor people을 의미한다. ② For는 Because의 뜻이다.

이는 마게도냐와 아가야 사람들이 예루살렘 성도 중 가난한 자들을 위하여 기쁘게 얼마를 동정하였음이라

'동정': 원래의 뜻은 '교제' '참여'. 여기서는 '기부금'이나 '헌금'을 의미함

---

4 For this very reason, Christ died and returned to life so that he might be the Lord of both <u>the dead and the living</u>.　　(롬14:9)

바로 이 이유 때문에, 그리스도는 죽으셨고 다시 살아나셨다 그가 죽은 자들과 산 자들의 주님이 되기 위하여

the + 형용사 dead / the + 형용사 living

For this very reason: 바로 이런 이유 때문에 / both A and B: A와 B 둘 다

① the + dead는 dead people을, the + living은 living people을 의미한다. ② so that + 주어 he + might + 동사원형 be 〜하기 위하여

이를 위하여 그리스도께서 죽었다가 다시 살으셨으니 곧 죽은 자와 산 자의 주가 되려 하심이니라

'이를 위하여': 그리스도인들이 사나 죽으나 주의 것이 되게 하기 위해(주 예수만을 섬기게 하기 위해)

---

5 I am obligated both to Greeks and nonGreeks, both to <u>the wise and the foolish</u>.　　(롬1:14)

나는 그리스인과 그리스인이 아닌 사람들 둘 다에게, 지혜로운 사람들과 어리석은 사람들 둘 다에게 책임이 있다

the + 형용사 wise / the + 형용사 foolish

be obligated to 〜에 대해 책임이 있다, 의무감이 있다 / both A and B: A, B 둘 다

the + wise는 wise people을, the + foolish는 foolish people을 의미한다.

6 However, to the man who does not work but trusts God who justifies <u>the wicked</u>, his faith is credited as righteousness. (롬4:5)

직역 그러나, 일하지는 않지만 사악한 자들을 의롭다고 하시는 하나님을 신뢰하는 자에게 그의 믿음은 정의로움으로 신뢰 받는다.

핵심구조 the + 형용사 wicked

단어 및 숙어의 확장 not A but B: A가 아니라 B이다 / be credited ~로 신뢰를 받다

해설 the + wicked=wicked people는 사악한 사람들을 의미한다.

의역 일을 아니 할찌라도 경건치 아니한 자를 의롭다 하시는 이를 믿는 자에게는 그의 믿음을 의로 여기시나니

7 Isaiah cries out concerning Israel: "Though the number of the Israelites be like the sand by the sea, only <u>the remnant</u> will be saved."

(롬9:27)

직역 이사야는 이스라엘에 관하여 외친다: "이스라엘 사람들의 숫자가 바닷가의 모래와 같을지라도, 오직 남아 있는 자들이 구원을 받을 것이다"

핵심구조 the + 형용사 remnant

단어 및 숙어의 확장 concerning=about / remnant 명사 나머지, 남은 자

해설 the + remnant는 remnant people, 즉 남아 있는 사람들이라는 뜻이다.

의역 또 이사야가 이스라엘에 관하여 외치되 이스라엘 뭇 자손의 수가 비록 바다의 모래 같을찌라도 남은 자만 구원을 얻으리니

성경해설 '남은 자': 본래 외적의 포로로 끌려가지 않고 예루살렘에 남은 자를 가리킨다. 영적인 의미로는 환난 중에도 악에 물들지 않고 여호와의 신앙을 지닌 경건하고 의로운 자로 세상 종말의 날에 심판에서 건져질 자를 가리킨다.(슥8:6-22)

8 If you confess with your mouth, "Jesus is Lord," and believe in your heart that God raised him from <u>the dead</u>, you will be saved.

(롬10:9)

> [직역] 만약 네가 "예수님은 주님이다"라고 너의 입으로 고백하고 하나님이 그를 죽은 자들로부터 부활시키셨음을 너의 마음으로 믿는다면, 너는 구원을 받으리라
>
> [핵심구조] the + 형용사 dead
>
> [단어 및 숙어의 확장] confess [동사] 고백하다 / the dead=dead people=죽은 자들 / raise [동사] 부활하다
>
> [해설] ① the + dead는 dead people, 즉 죽은 사람들을 의미한다. ② that은 종속접속사이다.
>
> [의역] 네가 만일 네 입으로 예수를 주로 시인하며 또 하나님께서 그를 죽은 자 가운데서 살리신 것을 네 마음에 믿으면 구원을 얻으리니

9 For in the gospel a righteousness from God is revealed, a righteousness that is by faith from first to last, just as it is written: "<u>The righteous</u> will live by faith."

(롬1:17)

> [직역] 복음에서는 하나님으로부터 오는 정의가 드러나는데, 그 정의는 처음부터 마지막까지 믿음에 의한 것이다, 마치 이렇게 쓰여 있는 것과 같다. "정의로운 자들은 믿음으로 살 것이다"
>
> [핵심구조] the + 형용사 righteous
>
> [단어 및 숙어의 확장] righteousness [명사] 정의 (righteous 정의로운) / reveal [동사] 드러나다 (revelation 계시, 현현) (the Revelation 요한계시록) / from first to last 시작부터 끝까지
>
> [해설] ① the + righteous는 righteous people, 즉 정의로운 사람들을 의미한다. ② righteousness 다음에 오는 that은 주격관계대명사이다. ③ For는 because의 뜻이다. ④ ~revealed와 바로 뒤의 a righteousness는 동격이다. ⑤ 주격관계대명사 that과 is가 생략되지 않은 채 그대로 쓰였다.
>
> [의역] 복음에는 하나님의 의가 나타나서 믿음으로 믿음에 이르게 하나니 기록된바 오직 의인은 믿음으로 말미암아 살리라 함과 같으니라
>
> [성경해설] 구약의 하박국2:4에서 "그러나 의인은 자기 믿음으로 말미암아 살리라"

10 Yet, before the twins were born or had done anything good or bad
—in order that God's purpose in election might stand: not by works
but by him who calls—she was told, "<u>The older</u> will serve <u>the</u>
<u>younger</u>."   (롬9:11-12)

> **직역** 그러나, 그 쌍둥이가 태어나서 좋거나 나쁜 일을 하기 전에—선정(選定)에서
> 하나님의 목적이 유효할 수 있도록: 행위에 의해서가 아니라 부르는 그에 의해
> 서—그 여자는 이렇게 들었다, "더 나이든 사람들이 더 젊은 사람들을 섬기게
> 될 것이다"

> **핵심구조** the + 형용사의 비교급 older / the + 형용사의 비교급 the younger

> **단어 및 숙어의 확장** stand [동사] 유효하다, 지탱하다 / works 행위 / not A but B: A가
> 아니라 B이다

> **해설** ① the + old는 old people, the + young은 young people을 의미하는데 이 문장에
> 서는 형용사가 비교급으로 쓰였다. 따라서 '더 나이 든 사람들' '더 젊은 사람들'의
> 의미이다. ② in oder that + S + might + R ~하기 위하여 ③ yet은 however(그러
> 나)의 뜻이다.

> **의역** 그 자식들이 아직 나지도 아니하고 무슨 선이나 악을 행하지 아니한 때에 택하
> 심을 따라 되는 하나님의 뜻이 행위로 말미암지 않고 오직 부르시는 이에게로
> 말미암아 서게 하려 하사 리브가에게 이르시되 큰 자가 어린 자를 섬기리라
> 하셨나니

> **성경해설** "택하심을 따라 되는 하나님의 뜻": 선택의 기준이 되는 하나님의 주권적인
> 뜻. 구원에 관한 하나님의 선택은 인간이 태어나기도 전에 이미 예정되므로,
> 출생 후의 지위, 재산, 행위 등의 영향을 받지 않는다

11 What then? What Israel sought so earnestly it did not obtain, but
<u>the elect</u> did. The others were hardened, as it is written: "God gave
them a spirit of stupor, eyes so that they could not see and ears
so that they could not hear, to this very day."   (롬11:7-8)

> **직역** 그러면 무엇이냐? 이스라엘이 그토록 열렬하게 추구했던 것을 그것은 얻지 않
> 았다. 그러나 선택받은 자들은 얻었다. 다른 사람들은 냉담해졌다. 이렇게 쓰였

던 대로: "하나님이 그들에게 마비의 영을 주셔서 볼 수 없게 하시고 들을 수 없게 하셨다, 바로 이 날까지

핵심구조 the + 형용사 elect

단어 및 숙어의 확장 earnestly **부사** 열렬하게, 열심히 / seek-sought-sought 추구하다, 찾다, 구하다 / obtain **동사** 얻다, 획득하다 / the elect =elected people=선택된 사람들 / harden **동사** 굳히다, (몸을)강하게 하다, 단련하다, (마음을)무정(냉혹)하게 하다, 완고하게 하다, 무감각하게 하다 (be harden 굳어지다, 비정해지다, 냉담해지다) / stupor **명사** 혼미, 마비 / to this very day 바로 오늘날까지

해설 ① the + elect는 elected people, 즉 선택된 사람들을 의미한다. ② what은 관계대명사로서 the thing which로 바꿀 수 있다. ③ so that + S + could + R ~하기 위하여 ④ elect 다음의 did는 대동사로서 obtained을 의미한다.

의역 그런즉 어떠하뇨 이스라엘이 구하는 그것을 얻지 못하고 오직 택하심을 입은 자가 얻었고 그 남은 자들은 완악하여졌느니라 기록된바 하나님이 오늘날까지 저희에게 혼미한 심령과 보지 못할 눈과 듣지 못할 귀를 주셨다 함과 같으니라

12 Now you, if you call yourself a Jew; if you rely on the law and brag about your relationship to God; if you know his will and approve of what is superior because you are instructed by the law; if you are convinced that you are a guide for the blind, a light for those who are in the dark, an instructor of the foolish, a teacher of infants, because you have in the law the embodiment of knowledge and truth—you, then, who teach others, do you not teach yourself? You who preach against stealing, do you steal? (롬2:17-21)

직역 이제, 네가 네 자신을 유대인이라고 부르면서도, 네가 율법에 의존하여 하나님과 너의 관계에 대하여 뻐기면서도, 네가 그의 의지를 알고 탁월한 것을 인정하면서도, 네가 율법에 의하여 지시받기 때문에, 네가 눈 먼 자들을 위한 안내자이고, 어둠 속에 있는 자들을 위한 불빛이고, 어리석은 자들을 가르치는 자가 되고, 영아들의 교사가 된다는 것을 확신할지라도, 네가 율법 안에서 지식과 진리를 구현하기 때문에—그런데도, 타인들을 가르치는 너는 네 자신을 가르치지 않느냐? 훔치는 일을 하지 말라고 가르치는 네가 훔치느냐?

the + 형용사 blind / the + 형용사 foolish

rely on=depend on= ~에 의지하다, 의존하다 / brag (vi) 자랑하다, 자만하다, 허풍떨다 ex) He brags of his rich father. (vt) 명사 자랑, 허풍, 허풍선이 approve of ~을 인정하다 / superior ~보다 우월한 be convinced of(that) ~을 확신하다 / the blind=blind people=눈이 먼 사람들 / the foolish=foolish people=어리석은 자들 / infant 명사 영아, 어린이 / embodiment 명사 구체화, 구현, 구상화, 구체적 표현 steal 동사 훔치다 (steal-stole-stolen)

① the + blind는 blind people (눈먼 사람들), the + foolish는 foolish people (어리석은 사람들)을 의미한다. ② those 다음에 people이 생략돼 있다. ③ that은 앞에 동사 are convinced, 뒤에 주어 you, 동사 are가 왔으므로 종속접속사이다. ④ if= ~하면서도, NLT version과 비교해볼 때, NIV version의 if는 별 뜻이 없다.

유대인이라 칭하는 네가 율법을 의지하며 하나님을 자랑하며 율법의 교훈을 받아 하나님의 뜻을 알고 지극히 선한 것을 좋게 여기며 네가 율법에 있는 지식과 진리의 규모를 가진 자로서 소경의 길을 인도하는 자요 어두움에 있는 자의 빛이요 어리석은 자의 훈도(訓導)요 어린아이의 선생이라고 스스로 믿으니 그러면 다른 사람을 가르치는 네가 네 자신을 가르치지 아니하느냐 도적질 말라 반포(頒布)하는 네가 도적질하느냐

📂 NLT version: (롬2:17-21) You who call yourselves Jews are relying on God's law, and you boast about your special relationship with him. You know what he wants; you know what is right because you have been taught his law. You are convinced that you are a guide for the blind and alight for people who are lost in darkness. You think you can instruct the ignorant and teach children the ways of God. For you are certain that God's law gives you complete knowledge and truth. Well then, if you teach others, why don't you teach yourself? You tell others not to steal, but do you steal?

13

도치와 생략

① 도치

뜻을 강조하기 위해 목적어, 보어, 부사(구)를 문장의 맨 앞에 놓는다.

예문1 That church we are going to serve.
(저 교회가 바로 우리가 섬기려는 곳이다.) [목적어 that church를 강조함]

예문2 Not a word did she say all day long.
(한 마디도 그녀는 하루종일 말하지 않았다.) [목적어 not a word를 강조함]

예문3 Happy is he who is contented with his lot.
(행복하여라 자기 운명에 만족하는 사람은.) [보어 happy를 강조함]

---

1 ...and the way of peace they do not know." (롬3:17)

직역 그리고 평화의 방법을 그들은 모른다

해설 and they do not know the way of peace는 도치된 문장이다. 이 문장을 바르게 정리하면 and they do not know the way of peace가 된다.

의역 평강의 길을 알지 못하였고

2 "Blessed are they whose transgressions are forgiven, whose sins are covered. (롬4:7)

> **직역** "복이 있도다 죄악을 용서받는 그들은, 왜냐하면 그들의 죄악이 덮여지기 때문이다
>
> **핵심구조** 보어 Blessed + 동사 are + 주어 they
>
> **단어 및 숙어의 확장** transgression **명사** 불법, 범죄
>
> **해설** ① 보어 Blessed를 강조하기 위하여 문장의 맨 앞에 두면서 주어 they와 동사 are가 도치되었다. ② ,whose는 계속적 용법의 관계대명사로서 전치사 + 대명사로 바꾸면, for their가 된다.
>
> **의역** 그 불법을 사하심을 받고 그 죄를 가리우심을 받는 자는 복이 있고

3 "Blessed is the man whose sin the Lord will never count against him." (롬4:8)

> **직역** 복이 있도다 주님이 그에 대해서 결코 세지 않을 죄가 있는 자는
>
> **핵심구조** 보어 Blessed + 동사 is + 주어 the man
>
> **단어 및 숙어의 확장** count **동사** 세다
>
> **해설** 보어 Blessed를 강조하기 위하여 문장의 맨 앞에 두면서 주어 the man과 동사 is가 도치되었다.
>
> **의역** 주께서 그 죄를 인정치 아니하실 사람은 복이 있도다 함과 같으니라

4 Just as it is written: "Jacob I loved, but Esau I hated." (롬9:13)

> **직역** 마치 이렇게 쓰여 있는 것과 같다. "나는 야곱을 사랑하였지만 나는 에서를 미워하였다"
>
> **핵심구조** 목적어 Jacob + 주어 I + 동사 loved,
> 목적어 Esau + 주어 I + 동사 hated
>
> **단어 및 숙어의 확장** hate **동사** 미워하다

> 해설 ┃ I loved Jacob, but I hated Esau.가 도치된 문장이다.
> 의역 ┃ 기록된바 내가 야곱은 사랑하고 에서는 미워하였다 하심과 같으니라

---

5 I do not understand what I do. For <u>what I want to do</u> I do not do, but <u>what I hate</u> I do.   (롬7:15)

> 직역 ┃ 나는 이해하지 않는다 내가 한 일을. 왜냐하면 내가 하기를 원하는 일을 나는 하지 않고, 내가 싫어하는 일을 내가 하기 때문이다
>
> 핵심구조 ┃ what I want to do＋I do not do
>   what I hate＋I do
>
> 단어 및 숙어의 확장 ┃ hate 〔동사〕 싫어하다, 미워하다
>
> 해설 ┃ ① 도치된 문장이다. 바르게 쓰면 다음과 같다. For I do not do what I want to do, but I do what I hate. (나는 내가 하기를 원하는 것을 하지 않고 내가 미워하는 것을 하기 때문이다) ② what은 관계대명사로서 the thing which로 바꿀 수 있다. ③ For는 because의 뜻이다.
>
> 의역 ┃ 나의 행하는 것을 내가 알지 못하노니 곧 원하는 이것은 행하지 아니하고 도리어 미워하는 그것을 함이라

---

6 For what I do is not the good I want to do; no, the evil I do not want to do—<u>this I keep on doing</u>.   (롬7:19)

> 직역 ┃ 내가 하는 일은 내가 하기를 원하는 선이 아니다. 아니다, 내가 하기를 원하지 않는 악이다—이것을 나는 계속 하고 있다
>
> 핵심구조 ┃ this＋I＋keep on＋doing
>
> 단어 및 숙어의 확장 ┃ evil 〔명사〕 악 / keep on ～ing 계속해서～하다
>
> 해설 ┃ ① this I keep on doing은 도치된 문장으로서 바르게 배치하면 다음과 같다. I keep on doing this. ② For는 because의 뜻이다. ③ what은 관계대명사로서 the thing which로 바꿀 수 있다. ④ the good과 I 사이에는 목적격관계대명사 that 또는 which가 생략돼 있다. / the evil과 I 사이에도 목적격관계대명사 that 또는 which가 생략돼 있다.

내가 원하는바 선은 하지 아니하고 도리어 원치 아니하느바 악은 행하는도다

---

7 For from him and through him and to him are all things. To him be the glory forever ! Amen.

(롬11:36)

직역 그로부터 그를 통하여 그리고 그를 위해서 모든 것들이 존재한다. 그에게 영원히 영광 있으라! 아멘.

핵심구조 from him and through him and to him + are + all things

단어 및 숙어의 확장 glory 명사 영광 / forever 부사 영원히

해설 ① 첫 문장은 도치된 것으로서 바르게 하면, For all things are from him and through him and to him.이 된다. (=왜냐하면 모든 것은 그로부터 그를 통해서 그를 위해서 존재하기 때문이다.) ② For는 because의 뜻이다. ③ To him may be the glory forever !는 기원문이다.

의역 이는 만물이 주에게서 나오고 주로 말미암고 주에게로 돌아감이라 영광이 그에게 세세에 있으리로다 아멘
12장 1-21: 살아 있는 봉사생활/ 12:1-15:13까지는 값없이 구원을 얻은 의인들이 마땅히 살아야 할 삶을 언급한다. 특히 본장은 그리스도인의 실제적인 봉사에 초점을 맞추고 있다. 이 봉사는 자아와(1-2절) 교회와(3-8절) 형제와(9-16절) 불신자(17-21절)에 이르기까지 살아 있는 실제적인 삶의 자세를 보여준다

---

8 Very rarely will anyone die for a righteous man, though for a good man someone might possibly dare to die.

(롬5:7)

직역 정의로운 사람을 위해서 죽을 사람은 매우 드물 것이다, 비록 선한 사람을 위해서 누군가가 감히 죽을지라도

핵심구조 부사구 Very rarely + 조동사 will + 주어 anyone + 본동사 die

단어 및 숙어의 확장 rarely (adv) 드물게도 / righteous 형용사 정의로운 / dare to ~감히 ~하다

해설 ① Anyone will die for a righteous man very rarely. 의인을 위하여 죽는 자는 거의 드물다. (거의 드물다는 것을 강조하기 위하여 very rarely가 도치돼 있다.) ② though someone might possibly dare to die for a good man. (도치돼 있음)

(비록 선인을 위하여 감히 죽을 수 있는 자는 있을지 몰라도)

의역 의인을 위하여 죽는 자가 쉽지 않고 선인을 위하여 용감히 죽는 자가 혹 있거니와

9 Against all hope, Abraham in hope believed and so became the father of many nations, just as it had been said to him. "So shall your offspring be."

(롬4:18)

직역 모든 희망에 반대하여, 아브라함은 희망을 믿었고 그리하여 수많은 나라의 조상이 되었다, 마치 그에게 이렇게 말되어져왔던 것처럼, "너의 후손이 그렇게 되리라"

핵심구조 against all hope, + 주어 Abraham + 부사구 in hope + 동사 believed
So + 조동사 shall + 주어 your offspring + 동사 be

단어 및 숙어의 확장 against ～에 역행하여, ～에 반대하여 / offspring **명사** 자식, 자손

해설 Abraham believed in hope: 아브라함은 희망을 믿었다. (도치된 문장: in hope을 강조한다)/ "Your offspring shall be so." (도치된 문장: so를 강조한다)

의역 아브라함이 바랄 수 없는 중에 바라고 믿었으니 이는 네 후손이 이 같으리라 하신 말씀대로 많은 민족의 조상이 되게 하려 하심을 인함이라

10 Who are you to judge someone else's servant? To his own master he stands or falls. And he will stand, for the Lord is able to make him stand.

(롬14:4)

직역 누군가의 하인을 판단하는 너는 누구냐? 그의 주인을 위해 그는 서 있거나 무릎을 꿇는다. 그는 서 있을 것이다, 왜냐하면 주님이 그로 하여금 서 있게 할 수 있기 때문이다

핵심구조 To his own master + he + stands of falls

단어 및 숙어의 확장 fall **동사** 무릎을 꿇다 / master **명사** 주인

해설 ① 원래의 문장으로 만들면, He stands or falls to his own master. (to는 '위하여'라는 뜻이다)가 된다. ② for는 because의 뜻이다. ③ make + 목적어 him + stand

② 생략

■ 생략의 일반적인 예

1) When, As, While, If, Though 등으로 시작되는 부사절에서 주어와 be동사를 생략할
   수 있다.

예문1 When (I was) young, I was a beauty. (젊었을 때 나는 미인이었다.)

예문2 Let's have lunch with me, if (it is) possible. (가능하다면, 나랑 점심먹자.)

2) 반복되어 나오는 단어를 생략할 수 있다.

예문1 To some walking can be interesting; to others (walking can be) uninteresting.
   (어떤 사람에게는 걷는 것이 재밌지만; 다른 사람들에게는 재미없을 수 있다.)

예문2 To some students English is difficult; to others (English is) easy.
   (어떤 학생들에게는 영어가 어렵지만, 다른 학생들에게는 쉽다.)

예문3 The proverbs of Solomon: A wise son brings joy to his father, but a foolish
   son (brings) grief to his mother. (Proverbs10:1)
   (솔로몬의 잠언이라 지혜로운 아들은 아비를 기쁘게 하거니와 미련한 아들은
   어미의 근심이니라)(잠10:1)

3) 관용적으로 생략되는 경우가 있다.

예문1 (If you take) No pains, (you will get) no gains.
   (수고하지 않는다면, 아무것도 얻지 못할 것이다.)

예문2 (If you) Spare the rod and (you will) spoil the child.
   (매를 아낀다면, 당신은 아이를 망치게 될 것이다.)
   (매를 아끼면 자식을 버린다.)

예문3 No smoking (is allowed). (흡연은 허용되지 않습니다.) (금연)

예문4 (I wish you a) Merry Christmas ! (메리 크리스마스 !)

예문5 (I wish you a) Good morning ! (안녕하세요!) (아침인사)

---

1 Give everyone what you owe him: If you owe taxes, pay taxes; if ✓ revenue, then revenue; if ✓ respect, then respect; if ✓ honor, then honor.

(롬13:7)

직역 그에게 빚진 것을 모든 사람에게 주어라. 만약 세금을 빚진다면, 세금을 지불해라. 국세라면, 국세를 내라. 존경이라면, 존경해라. 명예라면, 명예롭게 해라

핵심구조 if + (you) + revenue
if + (you) + respect
if + (you) + honor

단어 및 숙어의 확장 owe 동사 빚지다 / revenue 동사 국세를 내다 명사 세입, 국세

해설 ① if와 revenue 사이와 if와 respect 사이, if와 honor 사이에는 각각 you가 생략 돼 있다. ② what은 관계대명사로서 the thing which로 바꿀 수 있다.

의역 모든 자에게 줄 것을 주되 공세를 받을 자에게 공세를 바치고 국세 받을 자에게 국세를 바치고 두려워할 자를 두려워하며 존경할 자를 존경하라

---

2 One man considers one day more sacred than another ✓ ; another man considers every day alike. Each one should be fully convinced in his own mind.

(롬14:5)

직역 한 사람은 다른 날보다도 어느 날을 더 신성하게 생각한다. 또 다른 사람은 매일을 비슷하게 생각한다. 각자는 그 자신의 마음을 충분히 확신해야 된다

핵심구조 another + (day)

단어 및 숙어의 확장 sacred 형용사 신성한, 성스러운 / be convinced 확신하다 / fully 완전히, 충분히

해설 another 다음에 day가 생략돼 있다.

혹은 이 날을 저 날보다 낫게 여기고 혹은 모든 날을 같게 여기나니 각각 자기 마음에 확정할찌니라

3 Not only so, but we also rejoice in our sufferings, because we know that suffering produces perseverance; perseverance, ✓ character; and character, ✓ hope.

(롬5:3-4)

직역 그럴 뿐만 아니라 우리는 또한 우리의 고난을 즐거워하나니, 왜냐하면 우리가 알기 때문이다 고난은 인내를 생산하고 인내는 연단을 생산하며 연단은 희망을 생산한다는 것을

핵심구조 perseverance + (produces) + character

character + (produces) + hope

단어 및 숙어의 확장 character 명사 연단 / perseverance 명사 인내, 참을성 / not only A but also B: A뿐만 아니라 B도 역시 / rejoice in ~을 기뻐하다, 즐거워하다

해설 perseverance와 character 사이, character와 hope 사이에는 각각 동사 produces가 생략돼 있다.

의역 다만 이뿐 아니라 우리가 환난 중에도 즐거워하나니 이는 환난은 인내를, 인내는 연단(鍊鍛)을, 연단은 소망을 이루는 줄 앎이로다

4 Everyone has heard about your obedience, so I am full of joy over you; but I want you to be wise about what is good, and ✓ innocent about what is evil.

(롬16:19)

직역 모든 사람이 너의 순종에 대하여 들었다, 그래서 나는 너에 대해서 기쁨으로 가득 차 있다. 그러나 나는 네가 선한 것에 대하여 현명해지고 악한 것에 대하여 순진해지기를 원한다

핵심구조 (I want you to be) + innocent

단어 및 숙어의 확장 be full of=be filled with= ~로 가득 차 있다 / innocent 형용사 순진한, 무죄한 / want + 목적어(you) + to R /

해설 ① innocent 앞에는 I want you to be가 생략돼 있다. ② want + you + to be 네

가~하기를 원한다 ③ what은 관계대명사로서 the thing which로 바꿀 수 있다.

의역 너희 순종함이 모든 사람에게 들리는지라 그러므로 내가 너희를 인하여 기뻐하노니 너희가 선한 데 지혜롭고 악한 데 미련하기를 원하노라

성경해설 '순종함': 바울에게 순종함이 아니라 주님께 순종함을 가리킴

---

5 Thanks be to God—through Jesus Christ our Lord ! So then, I myself in my mind am a slave to God's law, but in the sinful nature ✓ a slave to the law of sin.

(롬7:25)

직역 하나님께 감사함이로다—우리 주님 예수 그리스도를 통하여! 그래서, 내 마음 속에 있는 내가 직접 하나님의 법에 따른 노예이다. 그러나 죄성 안에서 죄의 법에 따른 노예이다

핵심구조 nature + (I myself am) + a slave
(May) + Thanks

단어 및 숙어의 확장 slave 명사 노예 / sinful nature 죄성(罪性)

해설 ① (May) Thanks be to God~ 에서 Thanks 앞에 May가 생략돼 있다. nature와 a slave 사이에 I myself am이 생략돼 있다. ② myself는 강조적용법의 재귀대명사로서 생략할 수 있다. ③ Jesus Christ와 our Lord는 동격이다.

의역 우리 주 예수 그리스도로 말미암아 하나님께 감사하리로다 그런즉 내 자신이 마음으로는 하나님의 법을, 육신으로는 죄의 법을 섬기노라

---

6 Not at all! Let God be true, and ✓ every man ✓ a liar. As it is written: "So that you may be proved right when you speak and prevail when you judge."

(롬3:4)

직역 전혀 그렇지 않다! 하나님으로 하여금 진실하게 하고 모든 인간은 거짓말쟁이로 만들어라. 다음과 같이 쓰인 것처럼: "너희가 말할 때 옳음을 증명하고 판단할 때 이김을 증명할 수 있도록"

핵심구조 (let) + every man + (be) + a liar

단어 및 숙어의 확장 not at all: 천만의 말씀이다 / let + O + R / so that + S + may + R

~하기 위하여 / prevail 〔동사〕 우세하다, 이기다, 극복하다, 설득하다, 널리 보급되다, 유행하다

〔해설〕 ① every man 앞에는 Let, 뒤에는 be가 생략돼 있다. ② so that + 주어 you + may + 동사원형 be ~할 수 있도록 ③ Let 다음에 목적어 God 다음에 동사원형 be가 왔다.

〔의역〕 그럴 수 없느니라 사람은 다 거짓되되 오직 하나님은 참되시다 할찌어다 기록된바 주께서 주의 말씀에 의롭다 함을 얻으시고 판단받으실 때에 이기려 하심이라 함과 같으니라

〔성경해설〕 (시51:3-4)을 살펴보자. For I know my transgressions, and my sin is always before me. Against you, you only, have I sinned and done what is evil in your sight, so that you are proved right when speak and justified when you judge. 대저 나는 내 죄과를 아노니 내 죄가 항상 내 앞에 있나이다 / 내가 주께만 범죄하여 주의 목전에 악을 행하였사오니 주께서 말씀하실 때에 의로우시다 하고 판단하실 때에 순전(純全)하시다 하리이다

7 Consequently, faith comes from hearing the message, and the message is heard through the word of Christ. But I ask: Did they not hear? Of course they did: "Their voice has gone out into all the earth, their words ✓ to the ends of the world." (롬10:17-18)

〔직역〕 결과적으로, 믿음이란 메시지를 들음으로써 오며 그 메시지는 그리스도의 말씀을 통하여 들린다. 그러나 나는 묻는다. 그들은 듣지 않았는가? 물론 그들은 들었다. "그들의 목소리가 지구 모든 곳으로 갔고, 그들의 말씀은 세상의 끝까지 갔다"

〔핵심구조〕 their words + (have gone out) + to the ends of the world

〔단어 및 숙어의 확장〕 onsequently 〔부사〕 따라서, 그 결과로서

〔해설〕 words와 to the end of the world 사이에 have gone out이 생략돼 있다.

〔의역〕 그러므로 믿음은 들음에서 나며 들음은 그리스도의 말씀으로 말미암았느니라 그러나 내가 말하노니 저희가 듣지 아니하였느뇨 그렇지 아니하다 그 소리가 온 땅에 퍼졌고 그 말씀이 땅끝까지 이르렀도다 하였느니라

14

가정법

1 가정법 과거

중요포인트

가정법 과거

■ 형태: If + S + were (또는 동사의 과거형), S + would + R
should
could
might

■ 해석방법: 만약 ~라면, ~ 할텐데
가정법과거란 현재의 사실과 반대되는 내용을 가정할 때 쓰인다.

예문1 If I were a bird, I could fly to you.
(내가 새라면, 당신에게 날아갈 수 있을텐데)(현재 내가 새가 아니기 때문에
당신에게 날아갈 수 없다.)(As I am not a bird, I cannot fly to you.)

예문2 If I had a smartphone, I could take a picture of lilac.
(나에게 스마트폰이 있다면, 라일락을 사진으로 찍을 수 있을텐데)(현재 나에
게 스마트폰이 없어서 라일락을 사진으로 찍을 수 없다.)(As I don't have a
smartphone, I cannot take a picture of lilac.)

② 가정법 과거완료

가정법 과거완료

■ 형태: If + 주어 S + had + p.p.   주어 S + would + have + p.p.
                                                should
                                                could
                                                might

■ 해석방법: 만약 ~ 이었다면, ~ 이었을 텐데
                   가정법과거완료란 과거의 사실과 반대되는 내용을 가정할 때 쓰인다.

예문1 If I had been a bird, I could have flown to you.
(내가 새였더라면, 당신에게 날아갈 수 있었을 텐데)(과거에 내가 새가 아니었기 때문에 당신에게 날아갈 수 없었다.)(As I was not a bird, I could not fly to you.)

예문2 If I had been rich, I could have bought a house.
(부자였더라면, 나는 집을 한 채 살 수 있었을 텐데)(과거에 부자가 아니어서 집을 한 채 살 수 없었다.)(As I was not rich, I could not buy a house.)

③ as if (as though) + 가정법 과거

as if (또는 as though) + 가정법 과거

■ 해석방법: 마치 ~ 인 것처럼

예문 He talks as if he saw the movie.(=In fact, he doesn't see the movie.)
(그는 마치 그 영화를 본 것처럼 말한다.)

4 as if (as though) + 가정법 과거완료

> **as if (또는 as though) + 가정법 과거완료**

■ 해석방법: 마치 ~였던 것처럼

예문 He talked as if he had seen the movie.(=In fact he didn't see the movie)
(그는 마치 그 영화를 보았던 것처럼 말했다.)

5 I wish + 가정법 과거

> **I wish + 가정법 과거**

■ 해석방법: ~라면 좋겠는데

예문 I wish I were young. (=I am sorry I am not young)
(내가 젊으면 좋겠는데) (=내가 젊지 않아서 유감이다.)

6 I wish + 가정법 과거완료

> **I wish + 가정법 과거완료**

■ 해석방법: ~였더라면 좋겠는데(과거에 이루지 못한 일에 대한 것)

예문 I wish I had been young. (=I am sorry I was not young)
(내가 젊었더라면 좋을텐데) (=내가 젊지 않았던 것이 유감이다.)

⑦ If를 대신하는 가정법

> **provided (that)=if, if~only, on the condition**
>
> ■ 해석방법: 만약~한다면, ~하기만 한다면, ~을 조건으로
>
> 예문1 Provided (that) he is a man of wisdom, I will employ him.
> (그가 지혜 있는 사람이라면, 나는 그를 고용하겠다.)
>
> 예문2 I will come provided (that) it is fine tomorrow.
> (내일 날씨가 좋으면 나는 갈 것이다.)

1 And if by grace, then it is no longer by works; If it were, grace would no longer be grace.

(롬11:6)

직역 만약 은혜에 의해서라면, 그것은 더 이상 일에 의한 것이 아니다. 만약 그렇다면, 은혜는 더 이상 은혜가 아닐 것이다

핵심구조 If + 주어 it + were, 주어 grace + would + 동사원형 be

단어 및 숙어의 확장 no longer 더 이상~하지 않다 / grace 명사 은혜

해설 ① 가정법과거의 문장이다. If + 주어 it + were, 주어 grace + would + 동사원형 be ② If it were 다음에 by works가 생략돼 있다.

의역 만일 은혜로 된 것이면 행위로 말미암지 않음이니 그렇지 않으면 은혜가 은혜 되지 못하느니라

2 It is just as Isaiah said previously: "Unless the Lord Almighty had left us descendants, we would have become like Sodom, we would have been like Gomorrah."

(롬9:29)

직역 그것은 마치 아사야가 예전에 이렇게 말했던 것과 똑같다: "전능하신 주님이 우리에게 후손을 남겨주시지 않았더라면, 우리는 소돔과 고모라처럼 되었을

것이다"

핵심구조 Unless + 주어 the Lord Almighty + had + left,

　　　　　　　주어 we + would + have + become

　　　　　　　주어 we + would + have + been

단어 및 숙어의 확장 previously 부사 이전에 / unless=if~not 만약~가 아니라면 / Almighty 형용사 전능하신 명사 전능자 / descendant 명사 후손, 자손

해설 If를 사용하지 않은 가정법과거완료의 문장이다. Unless의 뜻이 'If~not'이므로 이 문장의 조건절은 'If the Lord Almighty had not left...'가 된다.

의역 또한 이사야가 미리 말한바

만일 만군의 주께서 우리에게 씨를 남겨 두시지 아니하셨더면 우리가 소돔과 같이 되고 고모라와 같았으리로다 함과 같으니라

3　 What shall we say, then? Is the law sin? Certainly not ! Indeed I would not have known what sin was except through the law. For I would not have known what coveting really was if the law had not said, "Do not covet."

(롬7:7)

직역 그러면, 뭐라고 말해야하나? 율법은 죄인가? 분명히 아니다! 진실로 나는 죄가 무엇인지 몰랐을 것이다 율법을 통해서가 아니었다면. 율법이 "탐내지말라"고 말하지 않았더라면 탐내는 것이 진정 무엇인지를 몰랐을 것이기 때문이다

핵심구조 주어 I + would not + have + known, if + 주어the law + had not + said

　　　　　주어 I would not + have + known what sin was + except through the law

단어 및 숙어의 확장 covet 동사 탐내다

해설 ① 원래의 가정법 문장으로 바꾸면, If the law had not said, "Do not covet," I would not have known what coveting really was. (율법이 "탐내지 말라"고 말하지 않았더라면, 나는 탐내는 것이 정말 무엇인지를 알지 못했었을 것이다) ② I would not have known what sin was except through the law.는 부사구가 if절을 대신하는 문장이다. 원래의 가정법 조건문으로 바꾸면 다음과 같다. If it had not been through the law, I would not have known what sin was. (율법을 통해서가 아니었더라면, 나는 죄가 무엇인지 알지 못했을 것이다) ③ For는 because의 뜻이다.

그런즉 우리가 무슨 말 하리요 율법이 죄냐 그럴 수 없느니라 율법으로 말미암지 않고는 내가 죄를 알지 못하였으니 곧 율법이 탐내지 말라 하지 아니하였더면 내가 탐심을 알지 못하였으리라

4 Why not? Because they pursued it not by faith but <u>as if it were</u> by works. They stumbled over the "stumbling stone." (롬9:32)

직역 왜 안 되는가? 그들이 그것을 믿음에 의해서가 아니라 마치 그것이 일에 의해서기라도 하는 것처럼 추구했기 때문이다. 그들은 "넘어지는 돌" 위로 넘어졌다

핵심구조 as if + 주어 it + 동사 were

단어 및 숙어의 확장 not A but B: A가 아니라 B이다 / pursue 동사 추구하다 / stumble 동사 넘어지다

해설 ① as if 다음은 가정법 과거의 조건절의 형태이다. ② stumbling은 명사 stone을 꾸며주는 제한적 용법의 현재분사이다.

의역 어찌 그러하뇨 이는 저희가 믿음에 의지하지 않고 행위에 의지함이라 부딪힐 돌에 부딪혔느니라

5 If those who are not circumcised keep the law's requirements, will they not be regarded <u>as though</u> they <u>were</u> circumcised? (롬2:26)

직역 할례 받지 않은 자들이 율법의 요구를 지킨다면, 마치 그들이 할례를 받은 것처럼 여겨지지 않을까?

핵심구조 as though + 주어 they + were

단어 및 숙어의 확장 regard as ~처럼 여기다 / be regarded as ~로 여김을 받다, 여겨지다 / as though=as if=마치 ~처럼 / 여겨지지 않겠느냐? (수사의문문)=~처럼 여겨질 것이다

해설 ① as though는 as if와 같은 것으로서 바로 다음에 주어 they가 오고 be동사의 경우에는 주어와 관계없이 무조건 were가 와야 한다. ② those 다음에 people이 생략돼 있다.

의역 그런즉 무할례자가 율법의 제도를 지키면 그 무할례를 할례와 같이 여길 것이 아니냐

성경해설 유대인들이 율법을 지키지 않으면 그 형편없는 처지가 양심을 따르지 않는 이방인들과 다를 바 없게 된다. 그래서 25절에는 그들이 "율법을 지킨다면" 할례가 유익하지만, 율법을 지키지 않는다면 할례가 무할례가 된다고 말하는 것이다.
반면 이방인들이 율법도 받지 못하고 하나님의 언약의 말씀도 받지 못했으며 할례도 받지 않았다 하더라도 이들이 양심에 순응한다면 실질적으로 '율법의 의'를 지킨 것이므로 하나님께서 보실 때 유대인들이나 마찬가지인즉 그런 이 방인들의 무할례를 할례로 여기시는 하나님께는 아무 문제가 없다 (26절)

6 It is not as though God's word had failed. For not all who are descended from Israel are Israel. Nor because they are his descendants are they all Abraham's children. On the contrary, "It is through Isaac that your offspring will be reckoned." (롬9:6-7)

직역 그것은 마치 하나님의 말씀이 실패했던 것처럼이 아니다. 이스라엘의 후손들 모두가 다 이스라엘이 아니기 때문이다. 또한 그들이 그의 후손들이라고 해서 그들 모두가 아브라함의 자손들은 아니기 때문이다. 반면, "너희의 후손들이라 고 간주될 것은 이삭을 통해서이다"

핵심구조 as though + 주어 God's word + had + pp.

단어 및 숙어의 확장 as though=as if=마치 ~처럼 / For=because / descend 동사 내려 가다, ~의 자손이다 / not all 부분부정 (전부가 다~한 것은 아니다) / on the contrary 이와 반대로 / offspring 명사 후손, 자손, 소산 / reckon 동사 ~라고 간주하다

해설 ① as though + 가정법과거완료의 주절의 형태(had+pp)는 '마치~이었던 것처럼' 으로 번역한다. ② Because they are his descendants, they are all Abraham's children. 이 문장 전체에 Nor가 있다. (그들이 아브라함의 후손이라고 해서 전 부 다 아브라함의 자녀는 아니다. 결국 Not all~부분부정의 문장임) ③ It is through Isaac that your offspring will be reckoned은 It~that~ 강조구문이다.

의역 또한 하나님의 말씀이 폐하여진 것 같지 않도다 이스라엘에게서 난 그들이 다 이스라엘이 아니요 또한 아브라함의 씨가 다 그 자녀가 아니라 오직 이삭으로

부터 난 자라야 네 씨라 칭하리라 하셨으니

> **성경해설** '폐하여진'(had failed): 이스라엘을 구원하시겠다고 하는 하나님의 약속이 저들이 그리스도를 배척함으로 말미암아 완전히 실패로 돌아간 것은 아니다라는 뜻이다. '그 자녀가 아니라': 아브라함의 아들들 중 이삭은 참된 아브라함의 자녀였고, 이스마엘은 참된 아브라함의 자손이 아니었다는 뜻.

7 For I could <u>wish</u> <u>that</u> I myself <u>were</u> cursed and cut off from Christ for the sake of my brothers, those of my own race, the people of Israel.

(롬9:3-4)

> **직역** 나는 원하고 싶다 나의 형제들, 내 자신의 종족들, 이스라엘사람들을 위하여 내가 직접 저주받고 그리스도로부터 잘려나가기를
>
> **핵심구조** I wish + S + 가정법 과거형 were
>
> **단어 및 숙어의 확장** curse 〔동사〕 저주하다(be cursed 저주받다) / for the sake of ~을 위하여
>
> **해설** ① I could wish that + S + were는 가정법과거이다. ② that은 종속접속사이다. ③ my brothers와 my own race, the people of Israel은 동격이다. ④ For는 because의 뜻이다. ⑥ myself는 강조적 용법의 재귀대명사이다.
>
> **의역** 나의 형제 곧 골육의 친척을 위하여 내 자신이 저주를 받아 그리스도에게서 끊어질찌라도 원하는 바로라 저희는 이스라엘 사람이라
>
> **성경해설** 'cursed'(저주를 받아): 그리스도와 교제에서 분리된 영원한 저주 상태를 나타내는 표현이다(고전12:3)(엡2:3). 이는 이스라엘의 구원을 위한 바울의 간절한 소망을 보여준다.

8 Consider therefore the kindness and sternness of God: sternness to those who fell, but kindness to you, <u>provided that</u> you continue in his kindness. Otherwise, you also will be cut off.

(롬11:22)

> **직역** 그러므로 하나님의 친절과 엄격함을 고려해라. 즉 넘어지는 사람들에게 엄격함과 그러나 너희에게 친절함을, 너희가 그의 친절 안에 계속 있다면 그렇지 않으면, 너희도 잘리게 될 것이다

핵심구조 provided that~

단어 및 숙어의 확장 stern 〈형용사〉 엄격한, 엄한 (sternness 엄격함) / provided that=if / otherwise 그렇지 않다면 / be cut off 잘려나가다

해설 ① provided that은 if를 대신하는 문구로서 가정법을 나타낸다. ② those 다음에는 people이 생략돼 있다.

의역 그러므로 하나님의 인자와 엄위를 보라 넘어지는 자들에게는 엄위가 있으니 너희가 만일 하나님의 인자에 거하면 그 인자가 너희에게 있으리라 그렇지 않으면 너도 찍히는 바 되리라

■ 부록(Appendix)

These are some sentences from Romans. Choose the correct one. (1-15)

1. I long to see you so that I may impart to you some_____ to make you strong. (Romans 1:11)

   a) prophecy　　　　　　　　b) spiritual gifts

   c) preaching　　　　　　　　d) food

   ▶ Answer : b

2. Without_____in his faith, he faced the fact that his body was as good as dead since he was about a hundred years old. (Romans 4:19)

   a) weakening　　　　　　　　b) weak

   c) feebling　　　　　　　　　d) feeble

   ▶ Answer : a

3. Against all hope, Abraham in hope believed and so became the father of many nations, just as it had been said to him, "So_____your offspring be."(Romans 4:18)

   a) will　　　　　　　　　　　b) would

   c) shall　　　　　　　　　　 d) should

   ▶ Answer : c

4. He was delivered over to death for our sins and was_____to life for our_____. (Romans 4:25)

   a) rose, justification　　　　　 b) raised, justification

   c) raised, sanctification　　　　d) rose, sanctification

   ▶ Answer : b

5. For the_____of sin is death, but the gift of God is_____life in Christ Jesus our Lord. (Romans 6:23)

   a) salary, eternal
   b) wages, eternal
   c) wages, transient
   d) salary, transient

   ▶ Answer : b

6. I know that nothing_____lives in me, that is, in my_____nature. (Romans 7:18)

   a) cool, sinful
   b) bad, sinful
   c) shameful, sinful
   d) good, sinful

   ▶ Answer : d

7. In my____being I delight in God's law; but I see another law at work in the members of my_____, waging war against the law of my mind and making me a _____of the law of sin at work within my members. (Romans 7:22-23)

   a) inner, soul, slave
   b) inner, body, prisoner
   c) outer, body, slave
   d) outer, soul, prisoner

   ▶ Answer : b

8. ____helps us in our____. We do not know what we ought to pray for, but the____himself_____for us with_____that words cannot express. (Romans 8:26)

   a) The Evil, weakness, Spirit, intercedes, groans
   b) The Spirit, strength, Spirit, intercedes, groans
   c) The Spirit, weakness, Spirit, intercedes, groans
   d) The Evil, strength, Spirit, intercedes, groans

   ▶ Answer : c

9. For what was Paul called to be an apostle and set apart? (Romans 1:1)

   a) for the law
   b) for the gospel of God
   c) for good deeds
   d) for the management of church

   ▶ Answer : b

10. To whom is not Paul obligated ?(Romans 1:14)

 a) Greeks   b) Jews

 c) the wise   d) the foolish

▶ Answer : b

11. What is the standard of judgment for the deeds of gentiles who do not have the law? (Romans 2:14-15)

 a) economy   b) conscience

 c) power   d) will

(answer: b)

12. Choose the incorrect vocal organ of a sinner and sinful characteristic. (Romans 3:13-14)

 a) throats-open graves   b) tongues-lies

 c) lips-the poison of vipers   d) mouths-cursing and bitterness

▶ Answer : b

13. What is the role of the law in Romans? (Romans 3:20)

 a) Through the law we get rid of sin.

 b) Through the law we become conscious of sin.

 c) Through the law we let sin be heavier.

 d) Through the law we forgive sin

▶ Answer : b

14. How was credited to Abraham as righteousness? (Romans 4:3)

 a) by believing God

 b) by receiving circumcision

 c) by giving Isaac as a burnt offering

 d) by keeping the law

▶ Answer : a

■ 참고문헌(Bibliography)

[국내서적]

강낙중.『영어식 사고 & 영어식 표현』. 서울: 쓰리라이프, 2005.

강병도 편.『빅 라이프성경』. 서울: 기독지혜사, 1996.

개역개정판『만나성경』. 서울: 성서원, 2006.

김복희.『Upgrade영문법: 기초에서 토익토플까지』. 서울: 한국문화사, 2004.

_____.『술술풀어가는 영어성경영문법-마태복음-』. 서울: 한국문화사, 2008.

_____.『교회실용영어』. 서울: 한국문화사, 2010.

_____.『술술풀어가는 영어성경영문법-요한복음-』. 서울: 한국문화사, 2011.

_____.『술술풀어가는 영어성경영문법-옥중서신-』. 서울: 한국문화사, 2012.

_____.『술술풀어가는 영어성경영문법-마가복음-』. 서울: 한국문화사, 2013.

_____.『술술풀어가는 영어성경영문법-야고보서, 벧전후서-』.서울: 한국문화사, 2014.

_____.『술술 만드는 영어설교제목』. 서울: 한국문화사, 2015.

김원중.『통찰력 사전』. 서울: 글항아리, 2009.

김의원 편.『NIV 한영해설성경』. 서울: 성서원, 2006.

김천수 외.『신약성경문제집』. 서울: 도서출판 성환, 2004.

김희수.『신학영어』. 서울: 기독교문서선교회, 1996.

라원기. 라원준.『영어성경 사전 없이 읽기』. 서울: 학사원, 2004.

류태영.『이스라엘 바로알기』. 서울: 제네시스, 2006.

안준호.『10일간의 성지순례』. 서울: 열린책들, 1994.

이용태.『영어성경으로 영어를 마스터하자』. 서울: 프리셉트, 1998.

이종성 편.『Big 베스트성경』. 서울: 성서원, 1999.

_____.『뉴만나성경』. 서울: 성서원, 2000.

이희철.『지리로 본 성서의 세계』. 서울: 생명의말씀사, 1997.

주성호.『7단계성경공부시리즈: 로마서』. 서울: 목양서원, 1993.

[국외서적]

Holy Bible, New Living Translation. IL: Tyndale House Publishers, 2007.

Kirn Elaine & Hartmann Pamela. Interactions One: A Reading Skills Book. N.Y.:The McGraw-Hill Companies, Inc., 1996.

The Holy Bible: New International Version. Colorado Springs: International Bible Society,

1984.

The Holy Bible: New International Version: The New Testament. Michigan: Grand Rapids, 1973.

[번역서]

Briscoe, Jill, McIntyre K, Laurie & Seversen, Beth. *Designing Effective Women's Ministries.* 천영숙, 김복희 옮김. 『여성사역자를 깨워라』. 서울: 이레서원, 2001.

Jenkins, Simon. *Bible Mapbook.* 박현덕 옮김. 『성경과 함께 보는 지도』. 서울: 목회자료사, 1991.

生田 哲. *はや-わかり せいしょう.* 김수진 옮김. 『하룻밤에 읽는 성서』. 서울: 랜덤하우스, 2007.